读懂教育
做成长型教师

广东省基础教育校本教研基地项目
广东省中小学教师校本研修示范学校项目
广东省中小学"百千万人才培养工程"专项科研项目
"中学教师专业成长激励机制的校本研究"成果

李文送 著

西北大学出版社
·西安·

图书在版编目(CIP)数据

读懂教育：做成长型教师/李文送著. —西安：西北大学出版社，2022.9

ISBN 978-7-5604-5004-9

Ⅰ.①读… Ⅱ.①李… Ⅲ.①师资培养 Ⅳ.①G650

中国版本图书馆 CIP 数据核字(2022)第 171268 号

读懂教育：做成长型教师
DUDONG JIAOYU: ZUO CHENGZHANGXING JIAOSHI

作　　者	李文送　著
出版发行	西北大学出版社
地　　址	西安市太白北路 229 号
邮　　编	710069
电　　话	029-88302590
网　　址	http://nwupress.nwu.edu.cn
电子邮箱	xdpress@nwu.edu.cn
经　　销	全国新华书店
印　　装	陕西隆昌印刷有限公司
开　　本	787mm×1092mm　1/16
印　　张	16
字　　数	240 千
版　　次	2022 年 9 月第 1 版　2023 年 3 月第 2 次印刷
书　　号	ISBN 978-7-5604-5004-9
定　　价	50.00 元

本版图书如有印装质量问题，请拨打 029-88302966 予以调换。

推荐序

成长是构筑"教育大厦"的根基

赤日炎炎，在从成都到贵州六盘水的高铁上，收到岭南师范学院附属中学李文送老师的微信，说他的新作《读懂教育：做成长型教师》即将由西北大学出版社出版，请我作序。便请他发来定稿，先睹为快。

"做成长型教师"，主题是自己喜欢的。《论语》说："君子务本，本立而道生。"这里的"本"就是自我的完善和成长；"道"通"导"，就是你要对他人有影响，你先要把自己发展好，很难想象一个不思进取、不谋求专业成长的教师能胜任今天的教学，能赢得学生的尊重和佩服。

文送自己是一个以专业的方式追求专业成长的教师。曾经听他说过这样的事，2015 年，我作为广东省省级骨干教师、校长培养项目首批培养对象讲《构建自己的"教育大厦"》时，他在外出差无法到现场，于是让爱人用录像机拍摄。看完视频，他说："我是一字不漏地看完整个过程，并萌发了构筑自己'教育大厦'的念头。七年来，我用文字、文章为砖块，以思考、思想为钢筋水泥，尝试构筑自己的'教育大厦'。"文送对成长型教师的执着追求，可谓窥一斑而知全豹。

翻阅书稿，是一个关于教师、关于教育、关于课程、关于教学、关于学生、关于自我的短篇结集，一事一篇，一思一篇，有的放矢，短小精悍。

从目录到内容，"好"字居多：好教育的本质是一种"善"；好教育要抵达哪儿；好教育的"四接"境界；好教育的"五心"景象；好学校的生命气象；好课程的"四见"功效；好课程成就学生的"四种发展"；好教学要"三思"而行……内中有文送对好教育的追求和哲思，也有其引导读者建构好的"教育大厦"的用心和用意。

文送是善于思考的。在《读懂教学：掌握立教的本领》一文中，他写了这样的经历和思考：

在一次教学研讨会上，有的教师认为："教什么比怎样教重要。"有的教师反驳说："怎样教比教什么更重要。"甚至还有的教师提出："为什么教才是最重要的。"彼此各不相让，争论不休。我不禁陷入思考和追问：教学本是一项专业的工作，作为从事这一工作的专业人员，教师理应对教学有深刻的理解，甚至形成相应的专业常识、共识，为什么教师会对"教什么""怎样教""为什么教"这三个教学基本问题的重要性存在争议呢？"教什么""怎样教""为什么教"究竟孰轻孰重？要回答好这个问题，显然不能强词夺理，也不能强辩武断，而应先理清三者的逻辑关系，特别是要先读懂何谓教学。

……………

在我看来，教学是在具体的教学情境中，经过预设的一种师生共同经历和创造的生活，是对课程进行二次开发而生成的过程，旨在促进学生实现全面发展和个性化成长。这就决定了教学具有教育性、生活性、预设性、生成性、科学性和艺术性。教学的教育性，旨在教学育人；教学的生活性，趣在追求幸福；教学的预设性，精在设计规范；教学的生成性，悦在生动；教学的科学性，贵在求真；教学的艺术性，美在创新。

有了上述对教学的基本认知，教师再来看"教什么""怎样教""为什么教"这三个问题时，可能就会清晰明朗很多。

"教什么"是内容问题，回答的是教学内容；"怎样教"是方法问题，回答的是教学方法；"为什么教"是目标问题，回答的是教学方向。教学目标（方向）决定教学内容，教学内容决定教学方法。如果要论重要性，是方向重要？还是方法重要？或者是内容重要？古代"南辕北辙"的故事早就给出了明确的答案，"方向比努力更重要"。

就教学来说，只有清楚"为什么教"，才能更好地知道"教什么"；只有知道"教什么"，才能更好地选择"怎样教"。

……………

不放过生活中的问题，就教育的根本问题追根溯源，形成自己的思考和回答，我以为这就提供了教师专业成长、建构自己的"教育大厦"的样板和参照。

用这样的方式，文送对很多教育问题有了自己的回答和表达。比如，在《好的课堂教学"根"扎何地》中认为需要扎根"知识之地""情感之地""思维之地""生活之地""人文之地"。在《好的教学评价"度"在何方》中认为"态度是教学评价的基点""向度是教学评价的远点""适度是教学评价的重点""无度是教学评价的败点"。教师备课要做到四读：要研读课程标准，让教学"有据"；要精读教材内容，让教学"有底"；要品读学生和自己，让教学"有人"；要泛读课程资源，让教学"有料"。好教师要"站起来，也要坐下去"；好教师要"听得见，也要听不见"；好教师要"说得了，也要憋得住"；好教师要"扛得起，也要放得下"……其中既有思辨的启示和成果，也是实践的经验和建议。

祝贺文送，也期待教师能在阅读中有所思有所行，在不断成长中构筑自己的"教育大厦"。

成都大学教授　陈大伟
2022 年 7 月 30 日

推荐序

谱一曲教师成长复调

米兰·昆德拉在《不能承受的生命之轻》中说,人生如同谱写乐章。人生只能经历一次,仅此一次,不能准备。生命的初次排练就已经是生命本身。这听起来真残酷,也常常因为这唯一一次的机会令我们焦虑,究竟怎么生活才是更好的。如果当下面对两种选择,这种焦虑尤其明显,仿佛一经选定,另外一条路就变得格外梦幻且成了心中未能实现的隐痛。其实,当我们选定时,每一条路又开始分叉,产生了新的选择,原本的那条路已经不复存在了,也就无从比较了。

当我们出生时,就已经进入了复调人生。那一刻,我们的角色是重叠且独立的,是子女,是孙辈,是男孩或女孩……后来,我们是学生,是朋友……再后来,我们是同事,是下属或领导，是作者抑或是读者……对经常光顾的那家咖啡店店员来说，我们是顾客，仅此而已。只有我们自己知道，在某一刻，我们扮演的是什么角色。

然而不管我们扮演了多少种角色，每个角色在各自的场域有多么独立且出色，甚至可以令我们忽略掉其他，但我们要清楚的一点是，复调的重点在于"对位"，那就是不能偏离我们的人生本身。那么，人生本身又是什么？或许就是哲学家所探寻的人生的意义。

正像乐曲拥有"动机"一样，我相信每个人的人生都有一个主导"动机"贯穿始终，至于这个动机是什么，每个人又各有不同。

或许"不甘平庸"就是动机之一。作为一名教育媒体编辑、记者，我所交流、交往的多数是教师，而且大部分是优秀教师。透过文字，听他们讲述自己的故事，每个故事都不尽相同，但背后那一颗颗不甘平庸的心每每打动着我。而作为一个转达中介，我从他们奋力向前的经历中汲取着向上的力量，也希望每一次编辑、采写都能够尽量还原那些力量本身，努力不让其中的话语变质、走样。

在李文送老师身上，或许"认真"二字便是他从业的动机之一。他说，从教近20年，自己一直在学着做人、做事、做生活，同时学着做学问、做学术、做教师……小学时，恩师李文龙相赠的"认真二字值千金"一直镌刻在李文送的脑海中，未曾忘记过。

正是这样的认真，激励着李文送努力前行，在从教路上不断尝试读懂教育、读懂学校、读懂课程、读懂教学、读懂教研、读懂自己、读懂学生……

鲁迅说，生命的路是进步的，总是沿着无限的精神三角形的斜面向上走，什么都阻止他不得。自然赋予人们的不调和还很多，人们自己萎缩堕落退步的也还很多，然而生命决不因此回头……

什么是路？就是从没路的地方践踏出来的，从只有荆棘的地方开辟出来的。每一个优秀教师所走的都是一条独一无二的成长之路。

正是在这些优秀教师身上，我们发现了多样的职业精彩。他们不断挖掘生命的潜力，把持续向上作为一种成长的姿态。这听起来颇为"鸡汤"，明明成长对个体来说那样艰难，但我只看到你们报道那些有"天赋异禀"之人。可以说，从业十几年，我遇到的优秀教师几乎很少有"天赋异禀"，甚至还有不少起点很低，那些看起来光辉的成绩单背后大都历经艰辛，只是我们很少谈那些走过的弯路、失败的经验，因为太匆忙，只好把那些路从"经验簿"上删掉，浓缩再浓缩，直到挤掉所有"水分"。

不管成功也好，失败也罢，只要渴望成长的动机在那里，路径如何都会指向更高的发展层级。

叶澜老师曾说，教育的魅力不只是要求好教师，而是每个教师都要坚信自己所从事的事业要求你去创造。教育的魅力是创造的魅力，是创造生命发展的魅力。

是的，每一个努力去创造、勇敢去生活、积极去改变的教师，都应该被尊重。

人的发展是不断自我完善的过程，教师在通往自我完善的过程中所经历的路径是多种多样的，一旦走向前再回头看就会发现以前选择的路也许并不是唯一的路。教师的成长之路像一曲复调音乐，我们可以在不同阶段选择不同的道路，也可以同时开展不同的选择，做个"斜杠"教师，拥有不同的专业技能。最重要的是，不要给人生设限，让成长之路朝向无限可能。

想要成为更好的自己，选择哪条路，走得如何都没有关系，跌跌撞撞才是人生，只要我们不甘于平庸。在教师成长的复调中，其实蕴藏着一个永恒不变的旋律，那就是读懂教育。

《中国教师报·教师成长周刊》

主编　记者　宋　鸽

2022 年 8 月 23 日

自 序

教育是问道成长的哲学

教育是什么？这是每个教师都应思考和追问的问题，尤其是想做成长型教师的教师，比如我。

在追问的道路上，我不仅走过教学的实践稻田，而且闯过教育的理论炼场，还登过教研的行动高山，以及潜过教师教育的深海。在稻田，我读过"教育不是工业，而是农业"之论断；在炼场，我看见"教育是'做'的哲学"之亮光；在高山，我发现"教育在本质上是生命教育"之名句；在深海，我遇见"教育的全部目的就是使人具有活跃的智慧"之明灯。

农作物不就是生命吗？生命不都会成长吗？而哲学不就是爱智慧吗？华东师范大学李政涛教授在《教育与永恒》一书中说："教育是一种具有生长力的召唤和应答，是教育者和受教育者的相互召唤和相互应答。"《中庸》曰:"天命之谓性,率性之谓道,修道之谓教。"《礼记·大学》载:"大学之道,在明明德,在亲民,在止于至善。"孔子曰:"知之者不如好之者,好之者不如乐之者。"人民教育家陶行知说:"教育不能创造什么,但它能启发儿童创造力以从事于创造工作。"教育家陈鹤琴认为:"我们也要活的教育。教材是活的,方法是活的,课本也是活的……尽量地利用儿童的手、脑、口、耳、眼睛,打破只用耳朵听、眼睛看,而不用口说话、用脑子想事的教育。"哲学家周国平说:"教育是这个世界上最重要的十字路口,通往不同的方向,铸造不同的人生;但是,教育也有限度,是对人生限度的有限突破,它在个体身上最大的成功,就是最大限度地克服了这个人的人生限度。"

品读古今中外关于教育的经典观点,加上近20年的从教生涯〔10年初中、11年高中和大学(兼职)的任教(有些年跨初中、高中和大学)],以及10多年的教师培训授课〕,还有先后出版的专著《教师的生命成长》和与他人合著的《润泽心灵成长的学科教学》《从优秀到卓越:教师领导力的12项修炼》《经验与分析:骨干教师成长叙事研究》等为基础,在为即将出版的专著《读懂教育:做成长型教师》撰写自序时,我的脑海涌现了自己的答案和思悟:教育是问道成长的哲学。

成长是生命的本能,又是生命的特征,还是生命的需求。生命最美的姿态,是成长;生命最动人的歌曲,也是成长;生命最美妙的诗意,还是成长。成长,不但承载着教育的目的、意义和追求,而且贮藏着教育的全部密码。也就是说,教育的密钥就在成长里。

只有成长了的生命，才能经受得起生活中的风风雨雨；只有成长了的教师，才能肩负得起教育教学工作的重任与担当；只有成长了的学生，才能承担得了未来社会的建设者和接班人的职责与使命。人民教育家于漪老师说："一辈子做教师，一辈子学做教师。"她还说："教育的力量在于教师的成长，而教师成长的根本在于深度的内心觉醒。"人民教育家陶行知也说："要想学生好学，必须先生好学。惟有学而不厌的先生才能教出学而不厌的学生。"所以，教师应当做成长型教师。

成长型教师是什么样子？成长型教师有哪些特征？成长型教师应该怎么做？成长型教师，于自己，要做到崇尚成长、主动成长和持续成长；于学生，要做到关注成长、研究成长和赋能成长。成长型教师会通过自立、自强塑造生命之筋骨，会通过自觉、自律助推专业之觉醒，会通过自主、自悟实现成长之飞跃。

广东省中小学教师培训专家工作室主持人许占权教授在对我的成长故事进行分析后，如是说："自立、自强、自觉、自律、自主、自悟不仅是文送老师的成长密码，而且是他生命成长最重要的内驱力。正是这'六自'让他走向了专业自觉、专业自主和专业觉醒，并找到自己的教育信仰、教学主张，从而更好地实现教师的生命价值；也正是这'六自'让他克服重重困难、层层阻碍，日夜兼程，以文化人、以书会友，从而成为著述丰富，富有教育情怀、很有自己教育思考和想法的优秀教师。"

被评为《教师月刊》2017年度教师时，我在《教师成长的姿态》一文中说："成长的生命意味着分享与担当，要像天上的星星发出自己的光亮。教师的光亮，能照亮学生和他人，也能照亮自己，还能照亮未来。"同时，成长的教师，也应为教育发出成长的声音。随着分享机会的增多和分享平台的扩大，我听到来自教师的渴望成长之心声越来越多。

来自广东省湛江一中培才学校的李春丽老师说："谢谢李老师的讲座，听了您的讲座让我受益匪浅！在听您的讲座之前，我对自己的职业生涯是没有太多规划的，就按部就班做好日常工作而已，对自己专业成长的定位和路径也不清晰。听了您的讲座后，给了我很大的触动，也让我深受启发，成不成为名师不重要，但自身的成长很重要！"我说："谢谢春丽老师，成长自己，花自盛开，人自出彩。"

来自福建省政和第一中学的杨小莉老师问："李老师，您好！我今年第一次当备课组组长，挺茫然的，您的讲座让我有积极尝试的动力，只是，我找不到合适的抓手。所以，想请教您入门级的备课组组长可以从哪个方面入手？"我回："成长自己，读懂备课，构建关系，明确任务，团结协作，对症施策。"

来自深圳市龙岗区的郑贵芳老师说："李老师，拜读过您的大作，书柜里还摆放着您的《教师的生命成长》，在教学上有困惑时，都会去翻翻这本书。您如我职业生涯中的灯塔，一直照亮着我前行的道路。发信息给您，是因为最近一直苦恼着，苦恼和谐的师生关系该如何建立，想着您是否也有做这方面的研究？能否指点一下迷津？"我答："关系即质量，关系即幸福，关系即教育。尊重、沟通、联系，努力成长自己，才有职业尊严，才会赢得尊敬。"

来自茂名市高文小学的龙悦老师说："昨天，我们尊敬的车校长向我们介绍了您，带着我们听了您的（录像）讲座。我心中顿时豁然开朗，对生活、对工作充满了希望和热情。一直以来，觉得自己的文字凑在一起表达出来的总不完美，感觉比别人差一截，写作的冲动就这样一天一天地淡下去了；每当领到任务要交什么或要写什么时，总感觉心头压石，心塞思堵。今天听了您的讲座，马上重燃写作的热情，我决定做到坚持把自己的每一点滴的教学经历记录下来，成为自己生命成长的印记。"我道："写作本生活，写作亦公益。坚持去写，您会发现惊喜。"

来自佛山市顺德区教育局的教研员朱湘红老师说："真的启发大，短短20分钟报告，给年轻教师榜样示范，给中年教师指明方向，给年长教师注入活力。"

2022年5月，在接受《教师月刊》再次回访时，"成长是扣人心弦的生命交响"是我最想和广大教师共勉的一句话。

当得知还有教师把我发表的被中国知网收录的文章全部打印出来并装订成册学习时，我的内心既欣慰又感动，且将"梳理下有关文章，并汇编成书"付之行动。

诚然，教师的生命，不能只成长而不结果，也不能只实践而不思考，更不能只思考而不觉悟。读懂教育，不仅是成长型教师应然的理想追求，而且是成长型教师必然的使命担当，还是成长型教师实然的生命表征。

教育学家叶澜教授说:"读懂教师,才能读懂教育。"我认为,读懂教育,不仅要读懂教师,还要读懂学校、读懂课程、读懂教学、读懂教研、读懂学生……鉴于此,本书内容分7辑,包括读懂教育:教师的从教之基;读懂学校:教师成长的宝地;读懂课程:教师重要的职责;读懂教学:掌握立教的本领;读懂教研:教师成长的云梯;读懂自己:教师成长的关键;读懂学生:教师一生的课题。这些内容主要来自我发表在各级报刊的文章,希望能给广大读者带来启迪,共同来一场关于教育与教师成长的哲思。

总之,教育是问道成长的哲学,做成长型教师就要读懂教育。而读懂教育的旨趣,在于使教师能用教育的眼光、教育的情怀和教育的智慧去认识世界、经营生活和创造人生。当你读懂了教育,你就能看见至诚、至真、至美和至善的风景。成长,既是生命永恒的主题,又是教育永恒的命题,还是教师永恒的话题。

李文送

2022 年 7 月 14 日

目 录

推荐序　成长是构筑"教育大厦"的根基
推荐序　谱一曲教师成长复调
自　序　教育是问道成长的哲学

第一辑　读懂教育：教师的从教之基　/1
　　◎教育究竟是什么　/3
　　◎好教育的本质是一种"善"　/5
　　◎好教育要抵达哪儿　/7
　　◎好教育的"四接"境界　/11
　　◎好教育的"五心"景象　/14
　　◎好的师生关系是最大的教育力量　/16
　　◎"养正"与教育减负　/19
　　◎教育信息化对教育现代化意味着什么　/23
　　◎教育要有"开合"的姿态　/25
　　◎学科育人要跨越学科　/26

第二辑　读懂学校：教师成长的宝地　/29
　　◎好学校的生命气象　/31

◎学校如何全方位赋能教师成长 / 34

◎立起来！校本培训的命脉 / 40

◎立至诚之心，树至真之魂 / 42

◎留住好教师的"四子"之策 / 46

◎学校如何指导学生科学选科 / 48

◎"双减"政策下，学校要做好"三增" / 55

◎学校美育的天空，其实很辽阔 / 57

◎走出学校美育误区，让"美"真正发生 / 59

第三辑　读懂课程：教师重要的职责 / 65

◎读懂课程：教师重要的职责 / 67

◎读懂课标：把好教学的"方向盘" / 70

◎好课程的"四见"功效 / 73

◎好课程成就学生"四种发展" / 75

◎教师要有课程资源力 / 79

◎教师要重视发展课程整合力 / 81

◎劳育特色课程五"美"馨香 / 83

◎综合实践活动课程校本化的实施策略 / 86

第四辑　读懂教学：掌握立教的本领 / 91

◎微谈教学 / 93

◎教学的"四重"境界 / 96

◎读懂教学：掌握立教的本领 / 98

◎好教学的生命脉象 / 101

◎好教学要"三思"而行 / 103

◎好教学成就三种"心境" / 105

◎好课堂的四种气象 / 107

◎ 好课堂要根植"四境" / 109
◎ 好的教学目标"适"在哪儿 / 111
◎ 好的课堂教学"根"扎何地 / 114
◎ 好的教学评价"度"在何方 / 117
◎ 学科教学育人的"六重"境界 / 119

第五辑　读懂教研：教师成长的云梯 / 127

◎ 问题即课题吗 / 129
◎ 读懂教研：教师成长的云梯 / 131
◎ 每个教师都是校本教研的主角 / 134
◎ 点燃年长教师教研激情有"三招" / 136
◎ 突破校本教研困境的"三破三立" / 138
◎ 好的校本教研"路"在何处 / 144
◎ 好的校本教研要有共同话语 / 145
◎ 深度教研"深"在哪儿 / 147
◎ 教师备课要做到"四读" / 149
◎ "诚真教研"校本实践的十大行动 / 151

第六辑　读懂自己：教师成长的关键 / 161

◎ 为师的境界 / 163
◎ 教师究竟要传何道 / 165
◎ 读懂自己：教师成长的关键 / 170
◎ 好教师的底色和姿态 / 172
◎ 教师为何要有自己的思想 / 176
◎ 教师思想力何以修炼 / 180
◎ 未来教师要有"六合"智慧 / 184
◎ 教师专业成长的生命周期 / 188

◎ 教师专业成长的类型　/ 192
◎ 教师专业成长的路径　/ 195
◎ 教师专业成长的"四重"心境　/ 198
◎ 教师专业成长的公式　/ 202

第七辑　读懂学生：教师一生的课题　/ 207
◎ 读懂学生：教师一生的课题　/ 209
◎ 不要什么都"从娃娃抓起"　/ 211
◎ 增强学生体质不能仅靠"体育"　/ 213
◎ 练就学生一双"火眼金睛"　/ 215
◎ 如何让学生崇尚科学和崇敬科学家　/ 218
◎ 吃苦耐劳的精神何以绽放　/ 220
◎ 请给予学生足够的空间　/ 222
◎ 学习力的五个层次　/ 226
◎ 读懂分数：理性看待考试成绩　/ 229

后　记　成长有"因"　/ 233

第一辑

读懂教育：
教师的从教之基

"教育的本质是生命教育。"

——顾明远

教育究竟是什么

教育是什么？这是每一个从事教育的人都应思考和追问的问题。古今中外的教育家，根据自己的体悟，从不同角度先后给出了各自的定义。

《说文解字》中说："教，上所施，下所效也；育，养子使作善也。"从这个解释来看，教育就是通过"上行下效"的方式，实现"使子作善"的目的。但是，教育是不是还可以通过"下行上效"或"上行上效"，甚至"下行下效"或"自行自效"的方式发生？孔子说："三人行，必有我师焉；择其善者而从之，其不善者而改之。"这就告诉人们，要向他人学习。在我看来，在教育的场域，他人可为师，自己也可为师。"他人"既可以是"师长"，又可以是"同龄人"，还可以是"晚辈"。故而有云"师不必贤于弟子"。试问，教师和父母在教孩子做人的同时，孩子何尝不也在"教"教师和父母如何为师和为人父母？

按照这样的逻辑，我们重新审视教育界流行并得到普遍认可的一句话"教育的本质就是，一棵树摇动另一棵树，一朵云推动另一朵云，一个灵魂唤醒另一个灵魂"。无论是听起来，还是看起来，或读起来，这句话都很美，很有诗情画意。但是，静下心来想想，教育能不能发生"一棵树摇动多棵树或多棵树摇动一棵树，一朵云推动多朵云或多朵云推动一朵云，一个灵魂唤醒多个灵魂或多个灵魂唤醒一个灵魂"？数量问题而已，这肯定没问题。不过，深入再思考，教育是不是还可以发生在"一棵树或一朵云唤醒一个灵魂，一朵云或一个灵魂摇动一棵树"？老子说："人法地，地法天，天法道，道法自然。"所以，自然万物都可为我师。

当代教育家顾明远先生说："教育的本质是生命教育。"只有生命，才有教育；教育是一种生命现象，一种生命活动。所以开展人的教育，要遵循人的生命成长的规律和教育发生的规律。生命是成长的，是变化的，是生活的，也就是说，教育实质上就是让人发生变化。正如人民教育家陶行知先生所强调的，教育就是教人变，教人变好的是好教育，教人变坏的是坏教育；活教育教人变活，死教育教人变死；不教人变、教人不变的不是教育。他和他的恩师美国教育家杜威主张的"教育即生长""教育即生活"和"生活即教育"就是基于对生命本然的理解。这意味着，教育要立足学生当下的生活，了解过去的生活，并指向未来的生活，从而使每个人都能过上幸福的生活。

生命也好，生活也好，生长也好，都不可能一帆风顺，正所谓"人无千日好，花无百日红"。生命、生活和生长，总会遭遇大大小小的挫折，总会经历一些风风雨雨的考验。教育就是要让受教育的人，无论是顺境还是逆境，无论是幸福还是悲伤，无论是生死还是离别，无论是富贵还是贫困，无论是高贵还是低微，无论是康健还是病痛，都能做好自己，活出生命应有的精彩与顽强。

好教育的本质是一种"善"

在"什么是好教育?"的追问中,我一次又一次走进主张"千教万教,教人求真;千学万学,学做真人"的人民教育家陶行知先生的教育生活。其中"四块糖"教育故事让我感悟至深。

面对犯错的学生,陶行知先生没有当面批评和责骂,而是先了解事实真相,然后以谈话和奖励相结合的方式,接连表扬了学生"守时""懂得尊重别人""有正义感"和"敢于承认错误"等闪光点。在整个过程中,我们可以看到,陶行知先生没有丝毫责怪,也没有一丝生气,而是在尊重事实、尊重生命和尊重教育的基础上,保护学生的自尊,守护生命的"善点",通过向善、向上的正面引导,让学生点燃自己的"心灯",自然照亮自己和发现真我,自主唤醒生命的良知并懂得人性的真善美,在"静悄悄"中形成生命的自知、自律和自觉,从而迎来生命的蜕变与成长。

唐代韩愈在《师说》中说:"师者,所以传道受业解惑也。"2014年9月9日,习近平总书记在同北京师范大学师生代表座谈时也强调:做好教师要有理想信念。其中,"传道"是第一位,一个优秀的教师应该是"经师"和"人师"的统一,既要精于"受业""解惑",更要以"传道"为责任和使命。陶行知先生奖励给学生的四块糖,每一块都传递着"爱"的关怀与温暖、"道"的芳香与甘甜。其中,第一块糖既呵护了学生等待挨批的惊恐之心,又以身示范了主动承认错误的立己之道；第二块糖既安抚了学生的惊疑之心，又表达了尊重别人的与人相处之道；第三块糖既唤醒了学生的良知之心，又践行了实事求是的处事之道；第四块糖既安慰了学生的后悔之心，又使之自主走上了知错能改的成长之道。

"四块糖"教育故事充满人性的温情、教育的艺术与智慧。让人感动之余也体悟到教育原来可以这么至简、至善和至美。陶行知先生不愧是一名善心、善教、善人和善道的好先生，他眼中有学生，心中有生命，坚守"有教无类"和"润物细无声"的教育信念，"捧着一个心"来守望教育的田野和生命的成长。他在《师范生应有之观念》一文中说过："教育能改良个人之天性。人之性情有善有恶，教育能使恶者变善，善者益善。"他不仅这么认为，而且坚持这样做。他坚信："教育是什么？教人变！教人变好的是好教育，教人变坏的是坏教育。活教育教人变活，死教育教人变死。不教人变、教人不变的不是教育。"所以，好教育不仅仅是一种"唤醒"，也是一种"变化"，即一种"生成"。

"四块糖"的故事充满教育的深意，非常成功地让学生的内心不断发生"变化"：惊恐—惊讶—惊疑—惊喜，犯错—知错—认错—改错，同时"生成"主动承认错误的立己之道、尊重别人的与人相处之道、实事求是的处事之道和知错能改的成长之道。这不就是活生生的好教育？好教育应是一种"善"的教育，正是陶行知先生的"善"，唤醒了学生内在的"善"并生成新的"善"。所以，好教育的本质是一种"善"。

何谓"善"？"善"既包括心善、言善和行善，又包括"善于"和"向善"等含义，即"善"是一种心态、一种状态、一种变化，是一种能力、一种行为、一种修养，是一种追求、一种使命、一种信念。也就是说，好教育是帮助人发生"善"的改变，使人形成"善"之根和"善"之念，成为"善"的拥有者、发现者、实践者和传递者，并能各善其善，"各美其美，美人之美，美美与共，天下大同"。

总之，好教育是使人变"善"的教育，至好的教育就是"至善"的教育。这样的教育不正是联合国教科文组织成立70周年时倡导的新的教育理念，即教育是全人类的共同核心利益。

好教育要抵达哪儿

诚然，教育是有目的的生命活动。而目的，在本质上是一种生命抵达。这就意味着，教育要真正发生，是要抵达的。那么，好教育要抵达哪儿？为何要抵达那里？如何抵达那里？对这些问题的思考和追问，有助于明晰教育的方向、前行的路径和行走的姿态，以及到达的境域。

抵达心灵

好教育的抵达是一种心灵的抵达，因为好教育要润泽心灵的成长。心灵是生命最柔软的地方，是教育发生的"场"，是教育发挥的"力"，是教育指向的"靶"。所以，好教育要在心灵上进行深耕细作、播种芳香，以焕发其独立之精神、自由之思想、高雅之情操、坚强之意志、宽广之胸襟、远大之志向、批判之思维，以及正确之世界观、人生观、价值观。

好教育要帮助学生洗掉心灵的浮尘，修炼一双明净而坚强的生命之眼，使之无论是收获成功还是经历失败，无论是拥有健康还是遭遇病患，无论是地位显赫还是身处低微，都能坚守为人之善念，都能秉持人性之善光，从而给人以温暖，给己以力量，进而在生活的风霜雨雪中端端正正地书就一个大写的"人"字。

要做到这样，教育就要指向心、读懂心、打开心、润泽心和成长心，要让心之力量集聚起来，心之光芒散发开来，心之真、善、美、诚、忠、信生长出来。因此，教师要用自己的良心、真心、爱心和事业心，陪伴、呵护、唤醒和引领学生的心灵成长，从而如北宋理学家张载所言"为天地立心"，进而实现心之和谐。

抵达思想

好教育的抵达是一种思想的抵达，因为教育要启迪智慧的生发。于个人，思想既是认识世界和改造世界的思维，又是分析问题和解决问题的思考，决定了一个人心田上的智慧长相，是自然人走向社会人的重要表征。古希腊哲学家苏格拉底说："人之所以为人，就是因为他有思想……"于学科，思想是学科固有的本质属性，能够反映学科知识实质、学科思维特点和学科学习规律，对学科学习、学科教学、学科应用和学科发展等有着指导性、决定性作用的基本理念、原理或规律。于教育或教学，思想则是指教育思想或教学主张。

在教育视域里，思想最育人，思想最致远。只有抵达思想的疆土，教育才容易迎来至美的鲜花。如果没有思想的浇灌，那么教育的土壤就难以肥沃，甚至变成荒漠；如果没有思想的铸魂，那么教师的肩膀就难以宽厚，甚至只能变成"传声器"；如果没有思想的润育，那么学生的成长就难以高远，甚至会变成"装水瓶"。

怎样让教育抵达思想？主要做法有三：一是学校需要形成自身的办学思想体系，注重学生思维能力的培养；二是教师应提炼并根据自己的教学主张设计教学、组织教学和评价教学；三是学生要勤于思考，善于汲取学科思想的慧光，不断指引学业发展和生命成长，从而形成自己的主见。

抵达文化

好教育的抵达是一种文化的抵达，因为教育要传承文化的精华。中国教育的第一要务，就是要把中华优秀传统文化进行当代、当下的传承，让积累下来的文化财富把教育照亮、把生命滋养，并成为我们身体中流淌的中华民族之精神血脉和文化气象。

教育是铸魂强根的事业，不能忘记历史，不能忽略文化，即教育不能忘本，不能没有根。历史是通达今天的阶梯，而文化是教育的根。在某种意义上，教育本身也是一种文化，一种传承优秀传统文化和创造新文化的文化。正如德国哲学家雅斯贝尔斯所说："教育的独特使命和价值，在于其能够为人的成长提供相应的外部文化环境。"

这表明，不论为人为师，还是为教为学，都不能"过河拆桥"，都应传承和发展文化之"绿水青山"。唯有这样，教育才拥有自己的"金山银山"。所以，教育要从文化的高度为国家和民族固根、正根及强根，即教师要用中华民族的优秀传统文化培育具有中国立场、中国心、中国志和中国魂的一代又一代的中国人。

抵达生活

好教育的抵达是一种生活的抵达，因为教育要根植生活的现场。生活是教育细胞的内环境，是承载教育生命的沃壤。人民教育家陶行知先生说："没有生活做中心的教育是死教育。没有生活做中心的学校是死学校。没有生活做中心的书本是死书本。"所以，教育要抵达生活。

抵达生活的教育，在这里主要是指要抵达师生正在经历、经营的生活现场，并指向未来更加美好生活的教育。这样的教育，生命在场，既鲜亮又充满磁力，能把学生吸引。这样的生活，教育在位，既鲜活又充满张力，催人奋进。这既需要教育深入地扎根于现实生活，又需要教育深度地融入现实生活，还需要教育最大限度地服务现实生活。

在我看来，生活不仅是教育最大的舞台，而且是教育最好的教材，还是教育最佳的作业。在育人时，教师应根植师生彼此的生活，依托本地、本校学生的生活方式、生活习惯、生活事件，以及课堂教学的生活情境，选择适合的教育方式、方法和路径，指引学生学会关注自身的生活，能够在生活中做到学以致用，解决生活中的问题，从而过上有品质、有品位的生活。

抵达发展

好教育的抵达是一种发展的抵达，因为教育要指向未来的殿堂。发展是通往未来彼岸的桥梁，是检验教育成败的关键。一方面，好教育要促进学生个体的自主发展、全面发展、个性发展和终身发展；另一方面，好教育要实现国家、民族和社会的蓬勃发展。正如教育家蔡元培所说："教育者，非为己往，非为此刻，而专为将来。"

教育面向未来，教育支撑未来，教育成就未来。教师要为未来而教，学生要为未来而学。发展是到达未来最好的方舟、最佳的舵手和最强的引擎。是故，教育要抵达发展，即教育要实现人的身心健康发展，帮助学生习得未来社会所需要的必备知识、品格和关键能力，使他们的心灵得以润泽，个性得以张扬，智慧得以开启，人格得以健全，素养得以形成，从而能够致良知、知美丑、识善恶和辨真伪。

抵达发展的教育，需要有预见性和理想性。人们向往美好的生活和成长为更好的自己是教育的原动力。教师要懂得这种"向往"，修炼一双伯乐之眼，用对未来的预见和前瞻，引领学生发展，从而为未来之社会和国家输送合格的建设者和接班人。

第一辑
读懂教育：教师的从教之基

好教育的"四接"境界

随着脑科学的不断发展，人们越来越意识到，学习的本质就是连接。教育学者丽塔·皮尔逊说："没有强有力的连接，孩子就不会有有效的学习。"这表明，教育的核心就是要帮助学生建立各种连接。依我看，好的教育不仅能让学生看见自己和看见天地，还能让学生看见众生和看见发展。做到这样的教育，方能达到连接生命、衔接生活、对接世界和迎接未来的"四接"境界。

连接生命，让学生"见自己"

"教育的本质就是生命教育"，连接生命是好教育之至诚要义。有生命，有教育；无生命，无教育。生命既是教育行为的主体，又是教育活动的对象，还是教育最核心的力量。这就决定了好的教育要连接生命，让学生看见自己。

人要看见自己是很不容易的事。不然，古希腊人就不会把"认识你自己"这句箴言镌刻在德尔斐城的阿波罗神庙的石碑上。从事教育的人要认识到，学生只有看见自己，才能读懂自己，才能成为最真实的自己；他们只要能看见自己，就容易看见别人，从而更能理解别人、尊重别人，故而找到与人和睦相处之道。

比如，由于眼睛长在脸上，人无法直接看到自己的脸，但可借助镜子或水面而看见。好的教育就是一面镜子,帮助学生看见自己,使之成为如《道德经》所言"自知者明"。这就意味着,坚持"以生为本"、坚定"以学定教"和坚决"以教促学"的教育原则和方法论,想方设法地让学生认识自己是"谁",创造环境和条件使他们成为心所向往的那个"谁"。

衔接生活,让学生"见天地"

"教育即生活""生活即教育",衔接生活是好教育之至真要义。教育时时皆生活,生活处处有教育。教育若水,生活就是教育的源泉;教育如林,生活就是植栽树林的大地;教育是白云,生活就是布满白云的蓝天。好的教育要衔接生活,让学生看见天地。

那么,教育怎样衔接生活?在思路和范围上,好的教育既要衔接学生的物质生活、文化生活和精神生活,又要衔接他们的学校生活、家庭生活和社会生活,还要衔接他们过去的生活、当下的生活和未来的生活。在策略和目标上,好的教育要实现生活化,用生活之营养、生活之舞台和生活之炼炉,教给学生生活所需的必备知识、人格和关键能力,使他们能在生活之天地学以致用,成为生活的强者,能经受得起生活的各种考验,从而过上更加美好幸福的生活。

可见,好的教育无疑是能创造好生活的教育。人民教育家陶行知先生在《教育的新生》一文中说:"好生活就是好教育,坏生活就是坏教育……生活里起了变化,才算是起了教育的变化。"所以,好的教育是通过创造好的生活之天地,以成就学生之好生活。

对接世界,让学生"见众生"

"教育即世界",对接世界是好教育之至善要义。教育是诞生在人类世界的一种社会方式,通过这种方式,让人更好地认识世界、改造世界和创造世界。教育学者夏风说:"所有的发现、实现、呈现，都是人类与世界的定位、关联与融合，出发和满足于人类对自我世界和未来世界的建构。"随着经济全球化的发展、地球村和人类命运共同体日益得以认同，人们越来越体悟到彼此共生于这个星球、这个世界。故好的教育要对接世界，让学生看见众生。

好的教育不但能让学生看见自我的世界，还能看见他人甚至其他生命及其世界，以及彼此共生、共处和共造的世界。就文化来说，世界文化是多元的，好的教育要让学生对世界各国、各地的文化给予应有的理解、尊重、包容或接纳。《中庸》中说"万物并育而不相害，道并行而不相悖"，众生各美其美，美美与共，则至善至美。就个体而言，每个生命既有共性又有个性，既独立又关联，共同生活并进化于世界之林。

好的教育就要让学生在世界之林中找到其在世界的坐标系，并发现与世界众生之关系，从而形成正确的世界观、人生观、价值观。

迎接未来，让学生"见发展"

"教育即生长"，迎接未来是好教育之至美要义。生长是生命至美的姿态，生命只有生长才有未来。美学大师朱光潜认为，教育的目的在于启发、抽出人性中固有的求知、想好、爱美的本能，使它们尽量生展。在我看来，好的教育不仅仅是让学生记得什么或学会什么，还需生成什么和发展什么，即好的教育要迎接未来，让学生看见发展。

迎接未来的教育，其内涵有四点：一是迎接学生自身发展的未来；二是迎接社会发展的未来；三是迎接国家和民族发展的未来；四是迎接世界发展的未来。这就表明，学生的发展要和国家、民族、社会，乃至世界的发展合调合拍。换言之，学生的生命成长只有融入新时代的旋律，汇入新时代发展的潮流，才能更好地唱响生命的欢歌和彰显生命的价值。

毋庸置疑，迎接未来的教育要具有前瞻性、预见性。这就要求教师要用发展性眼光看待事物、耕耘教育和对待学生，从而引导学生能预见自身、社会、民族和国家，甚至世界的发展趋势及需求，使他们能够积极主动地学习，自觉自律地成长，进而使学生发展成为能胜任未来社会工作的建设者和接班人。

综上所述，好教育就是至诚、至真、至善、至美的教育。其至诚之义在于连接生命，至真之义在于衔接生活，至善之义在于对接世界，至美之义在于迎接未来，从而能让学生"见自己""见天地""见众生"和"见发展"。此乃好教育的"四接"境界。

好教育的"五心"景象

什么是好的教育？这是仁者见仁、智者见智的问题。用人民教育家陶行知先生的话说就是，"教人变好的是好教育，教人变坏的是坏教育"。那么，教育如何让人变好？在我看来，教人变好的教育，即好教育是指向人心的教育，大抵存在"五心"景象。

走心

走心的教育就是指符合教育对象的年龄特征、认知特点、生活习俗和兴趣爱好，且教育方式、方法、内容和时间等易于或乐于被受教育者接受的教育。好教育犹如一道美食，在味道上，面对甜食爱好者，它是甜的；对喜酸者来说，它是酸的；而在好辣者面前，它则变成辣的。当然，受人欢迎的美食还离不开其食材、烹饪方式的选择和对火候的把握。这表明，教育要因人、因时、因地、因境而异。这里的人、时、地和境都是具体的，而不是抽象的。

入心

入心就是内化于心。如果把心看作一个细胞，那么入心的教育就是外部环境和人体内环境中的教育内容（包括物质、能量及信息）进入细胞内，参与细胞的生长发育。好的教育无疑如好的美食一样，不仅能激发人的食欲，还易被消化和吸收，参与细胞的新陈代谢，丰富机体的营养，助力生命的成长。众所周知，细胞是有细胞膜的，小分子物质以跨膜的方式进入细胞，有的物质要借助载体蛋白或通道蛋白进入细胞，而大分子物质则通过胞吞的方式进入细胞。故，好的教育有时要借助媒介等力量，方易于入心育人。

化心

化，在这里是指化解、活化的意思。也就是说，好的教育是能化解人的心之疑惑、困惑或迷惑，从而活化人的心之力量、能量的教育。即使是面对自己喜欢的美食，人也是会有困惑的。比如，我一天吃几顿饭？每顿吃多少才好？要搭配点什么吃？我是要到外面吃还是自己回家做着吃？如果自己做，食材和配料如何搭配？火候如何把握？好的教育就是要为人的生命储能和赋能，使之具备应有的力量去解决在学习、生活，乃至今后工作中所遇到的种种问题。

润心

好的教育不但能营养人的心，而且能润泽人的灵魂。这就好比好的美食不仅能满足人的食欲，还能"康健"人的机体、机能。这就意味着，好的教育既要满足人的生理和心理需求，又要满足人的精神健康成长的需要。这样的教育，是以生为本的教育，是追求康健的教育，是向真、向善、向美的教育。所以，做到润心的教育，要使学生之筋骨得以强健、精神得以焕发、人格得以健全、品德得以修成、意志得以坚强，从而发展成为一个"知""情""意""行"完整的人。

明心

明心的意蕴主要有两方面：一是明晓童心；二是使心明慧。诚然，教育要做到走心、入心、化心和润心，明晓童心是前提和基础，但好的教育还要使心明慧，方能培育明德、明理、明道的人。这说明，好的教育需要坚守儿童立场，并指向心、服务心、滋养心、强健心和明慧心。因此，教师要研究学生、读懂学生和成就学生，并用自己的言传身教和智慧点亮他们的心灯，从而照亮他们的生活和未来发展，使他们成长为堂堂正正做人、明明白白做事的现代公民。

好的师生关系是最大的教育力量

教育质量的提升是教育改革的永恒追求，也是当前我国基础教育发展的核心任务。为了落地这个教育任务，各地各校进行了不少探索：或打造校园文化，或研发特色课程，或进行课堂革命，或开展联动教研……这些举措在一定程度上促进了教育的发展和质量的提升。然而，接二连三发生的师生冲突事件，让人深思：好的教育还离不开好的师生关系！

诚然，教育的发展或教育质量的提升，在目标上都是为了人，在策略上都要依靠人。就学校教育这个场域而言，目标上和策略上的"人"，都应指向教师和学生，而不是只指向学生。"没有教师的生命质量的提升，就很难有高的教育质量；没有教师精神的解放，就很难有学生精神的解放；没有教师的主动发展，就很难有学生的主动发展；没有教师的教育创造，就很难有学生的创造精神。"正如教育学家叶澜教授所说，教育质量的提升，既包括学生生命质量的提升，又包括教师生命质量的提升，而后者是前者的基础和前提条件。

人，不仅是教育的起点和支点，而且是教育的着力点和归宿点。马克思说："人的本质是一切社会关系的总和。"雅斯贝尔斯说："教育是人与人精神相契合，文化得以传递的活动。而人与人的交往，是双方（我与你）的对话和敞亮……"每个人看似都是独立的个体，但无不在关系之中。师生关系无疑是教育活动中最基本、最核心、最重要的一种关系，直接影响着教育质量。

教育质量的提升需要好的师生关系。"好的师生关系是最大的教育力量。"顾明远先生说得好，这种力量一方面有助于教师加深对学生的学习天赋、个人喜好、个性特长乃至家庭环境、生活习惯、思想动态等方面的了解；另一方面还有利于教师自觉提高专业发展水平，获得职业的成就感和幸福感。显然，只有了解学生的实际情况，教师的"因材施教"才能真正发生，教师的"教"才能精准、精细而优质地服务学生的"学"。

好的师生关系，还意味着教师需得到学生的认可。学生的认可，无疑是教师最大的成就和幸福。这样，教师就会带着一种类似感恩的情感"反哺"到"主动成长更好的自己，以成就更好的教育和培育更好的学生"的行动中去。

对学生而言，好的师生关系对学生的成长和发展具有重要意义。首先，好的师生关系是学生"亲其师，信其道；尊其师，奉其教；敬其师，效其行"的基础。教育真正发生和学生的成长成才都要从尊重教师开始，都要根植于和谐的师生关系。其次，好的师生关系能让学生感受到被尊重、被理解、被关爱、被需要，从而使学生在学习上产生不断进取、探索和求真的动力，并在心理上获得离开父母的慰藉和安全感，在生活中找到温暖而幸福的港湾，在精神上形成向上、向善的力量。正因如此，好的师生关系是学生喜欢教师、喜欢学习、喜欢学校的"万有引力"。

总之，好的师生关系是提高教育质量的"通道"，更是最大的教育力量。那么，如何构建好的师生关系呢？其"道"在哪里？

对于人与人之间的关系，情感既是纽带又是桥梁，既是催化剂又是保鲜剂。情感不仅能让亲情"血浓于水"，而且能让爱情"忠贞不渝"，还能让友情"肝胆相照"；同时，情感是维系良好师生关系的基石，是打开美好教育之锁的钥匙。所以，我认为，好的师生关系之"道"应"发乎情，止乎礼"。

"发乎情"，指无论是从为人之本性的角度而言，还是从为师之本职的角度来说，在内在的情感上，教师都要做到诚心关爱学生、真心欣赏学生和热心帮助学生。这就要求教师在教育教学行动或行为上做到耐心教导学生、精心引导学生、用心辅导学生和细心呵护学生，使学生可以切身感受到校园之温馨、班级之温暖、生命之温度和生活之温情，从而养成家国之情怀、师友之情谊、好学之情思和为人之情趣。所以，在好的师生关系里，教师"弘真、爱生"，学生"崇德、亲师"，彼此相互欣赏、相互点燃、相互照亮；彼此向往一个叫做校园生活的纯真之地，甚至在彼此心灵深处形成同频共振。

不论何种"情"，都具有一定的感性，且受喜、怒、爱、憎、哀、惧等情绪的影响。所以，好的师生关系之"道"，既要"发乎情"，又要"止乎礼"。这里的"礼"也通"理"，是理解、理性之意。这就表明，在师生关系上，教师要充分理解学生，并理性地和学生相处。

柏拉图说："理性，是灵魂中最高贵的因素。"显然，肩负塑造学生灵魂重任的教师，既要有爱，更要有理性。故，好的师生关系，不仅要在至诚至真的互敬互爱的基础上建立，还要从恪守师生交往的礼仪尺度来维持。《论语·颜渊》中有言："非礼勿视，非礼勿听，非礼勿言，非礼勿动。"这就是至圣先师孔子所主张的"仁"礼。他说："克己复礼为仁。一日克己复礼，天下归仁焉。"这就告诉我们，在师生交往上，教师应做到"爱而不溺，亲而不昵，尊而不远，敬而不疏"，相处有爱，相处有光，相处有度，相处有节。

因此，构建好的师生关系，教师要情理同行，育人为本，言传身教，为人师表；在日常的教育教学和生活中，重师道、讲师风、行师德、遵礼节和守礼律，牢记立德树人之初心和使命，理性对待师生之情，不超越礼度，不逾越边界，不违反规矩，并乐于做学生生命成长的引路人。

"养正"与教育减负

随着社会的发展，人们对优质教育的期盼与日俱增，然而教育中"负重"前行的现象屡见不鲜。教育行政部门先后发布了有关教育减负文件，但是收效甚微，甚至有些地方还出现"增负"的现象。为什么会这样呢？究其原因，可能是没有弄清楚教育减负的内涵和意旨，导致治标不治本。那么，怎样才能真正做到减负呢？在我看来，除了减轻过重的负担和减掉没必要的负担外，教育减负还要"养正"。

何谓教育减负？

在教育场域，减负是指什么？为何要减负？怎样减负？减负是指从外减轻外部环境对减负对象所造成的负担、负压和负重，于内则是减少减负对象自身所产生的负能、负力和负功，从而使人的生命可以自然、自在、自主地生长、生活和生存。这表明，不管是于学生、于教师、于家长，还是于学校、于家庭、于整个教育系统，教育减负都不是一道数学题。所以，教育减负之道、之术，都不能仅仅简单地从"加、减、乘、除"的路子上去"寻经问道"，更不应往"开方或解方程"等高山上"攻坚克难"。否则，由于方向不对、方法不适、方略不合，容易出现"越努力，越迷茫，越负累重重"的窘况。

教育减负终究是教育问题、是育人问题，是为了促进人的生命更好地成长的问题，是要既利于当下成长又有助于未来发展的问题。追根溯源，我们才能精准地找到教育减负的"密码"和"基因"。教育减负的意旨应是通过减轻教育行为主体不必要的负担或减少其过重的负荷，从而使学生可以根据自己生命的成长节律和节奏健康而茁壮地成长，从而使教师可以安心从教、静心研教和舒心乐教，从而使学校可以遵循教育的发展规律来办学、来育人。这就意味着教育减负是一项系统工程，需要各方通力协作，共同创造同频共振的教育。要做到这样，谈何容易！正因为不容易，所以更需全面、深入理解什么是"负"。

人的成长和成才，人的生活和生存，不可能没有压力和负担。适度的压力是一种动力，负担在某种意义上是一种担当。无论是当下的教育还是未来的教育，都需要培养既充满动力又有责任担当的人。人生可怕的不是有压力，而是连一点压力都没有。试想一下，如果教育要培养"深水蛟龙"般的杰出人才，那么就要研制出"蛟龙号"的潜水器，并教会他们驾驭这一潜水器，以及让他们明确其使命。无论对要培养人才的学校或教师而言，还是对立志成为人才的学生来说，都是有压力的。

"养正"方能治负

教育减负，实际上是"治负"的问题，是对"负"的一种调适，是对"正"的一种召唤。这就如人的机体内的负反馈调节（维持机体内环境稳态的重要机制，是生态系统自我调节的基础）一样重要。教育减负实质上就是通过对"负"的治理和调适，使教育的生态环境变得"山青水绿"和"宜人怡心"，使学校教育、家庭教育和社会教育都走到正道上来，从而赋予教师和学生乃至家长以正压、正担和正重，进而使他们都能产生正力、正能和建立正功。

悲观者说"教育减负是一场寒门的灾难"，甚至呐喊："教育减负伤害的是每个家庭，侵蚀的是国家基石。"辩驳者反问："教育减负真的是一场寒门的灾难吗？"乐观者讲："减负让教育更美好。"指路者言："减负呼唤全社会共同营造良好的教育生态。"困惑者叹："为什么教育减负，教师、学生、家长的负担却越来越重？"迷茫者问："我们到底还要不要为教育减负？"我认同的还是《人民日报》刊登的观点"教育减负是大方向，如何减是真问题"。

那么，教育减负如何"减"呢？从中医的思维上考量，减负的关键、根本、出路和保障是"养正"。比如，在减轻中小学生的学业负担上，教育部基础教育司副司长俞伟跃强调，不能简单地通过缩短在校时间，减少作业量，降低课业难度，要全面落实立德树人观……避免出现无差别、无目的、强制性的减负。中医上，阴盛则寒，为阳病；阴盛则阳虚，乃损阳，故而需养阳。可见，教育减负重在"养正"。

道理不难理解，当机体形成了"正"的免疫系统，就能抵御"负"的病原体的攻击；当宽厚了"正"的臂膀，就能经受"负"的风雨的袭击；当产生了"正"的色彩，就能中和"负"的色光。在新时代教育的蓝天下，师生的生命成长和校园里的一花一草，都需要"正"的阳光。

于教育，"养正"能创造风调雨顺、欣欣向荣的生态气象；于师生，"养正"能育就阴阳协调、正负和谐的生命气脉；于学校，"养正"能造就百花齐放、百家争鸣和百舸争流的校园风光。

毋庸置疑，教育养正是教育减负的天然抗体。

教育如何"养正"？

教育如何养正？《易经》中说："蒙以养正，圣功也。"这说明教育应"童蒙养正"。就学校教育而言，从学生踏进校门的第一天开始，就应为他们提供正确的德、智、体、美、劳等全方位的教育，以正其心，以正其德，以正其言，以正其行，并帮助他们形成正确的世界观、人生观和价值观，从而使他们找到自己的正确志趣和志向，成长为有正力、有正能，且为国家和民族立正功的未来社会建设者和接班人。

要提供这样的教育和培养这样的学生，既需要养正的学校之沃壤来承载，又需要养正的教师来浇灌。那么，什么样的学校是养正的学校？养正的学校，是坚守正道、弘扬正气、传递正能量的学校。这样的学校，不管是公立的，还是民办的，都坚持办学的公益性（即非营利性）；这样的学校，追求的是"为学生创造适合的教育"，而不是"选择分数符合要求的学生进行教育"；这样的学校，既坚定国家立场办教育，又坚守"因材施教""因地制宜"的教育原则，并一如既往地用教育的眼光捍卫社会的正义。

养正的教师是什么样子的？养正的教师，懂得"正人先正己，正己先正德"的教育哲理，注重言传身教，坚持终身学习，是从内心到眼睛以及言行都自带阳光的教师，既给人以光亮，又给人以温暖。这样的教师，把自己的生命成长和国家前途、民族命运、社会发展及学生的成长联系在一起，如北宋思想家张载所说"为天地立心，为生民立命，为往圣继绝学，为万世开太平"，从而使学生找到人生的向往和向真、向善、向美的力量，不论是顺境还是逆境，不论是成功还是失败，不论是黑暗还是光明，不论是快乐还是悲伤，不论是轻负还是重负，都能做最好的自己，从而活出生命的本真与坚强。

教育信息化对教育现代化意味着什么

中共中央、国务院印发的《中国教育现代化2035》及中共中央办公厅、国务院办公厅印发的《加快推进教育现代化实施方案（2018—2022年）》（简称《实施方案》），为我国教育现代化的发展明确了定位和方向，明晰了路径和方法，标志着新时代教育现代化建设的号角已经吹响。

教育部科技司司长雷朝滋指出，我们现在讲的现代化是信息时代的现代化，不是农耕时代，也不是工业时代的现代化，是要构筑起信息化社会的现代化教育体系。这就意味着，教育信息化不仅是教育现代化的基本内涵和显著特征，而且是教育现代化的重要引擎和主要"承重墙"。换言之，教育信息化是支撑起教育现代化大厦的重要力量。

教育现代化的本质是人的现代化，核心是教育思想和教育理念的现代化。所以，教育信息化要发挥应有的教育效能，关键还是在人，尤其是在广大教师自身的信息素养上。

在思想观念上，广大教师一定要清醒地意识到：教育信息化不只是教育管理部门、学校领导和信息技术教研组教师的事，更是每一位教师必须参与的共同事业。这不仅仅是工作的内容和方式方法，更是国家战略和国计民生。"加快教育现代化,建设教育强国"是中国特色社会主义教育进入新时代的新使命,是新时代教育和未来发展的主旋律和战略目标。这就意味着,教育信息化对教师尤其是现代化教师而言,不是"可有可无",更不仅仅是"辅助",而是"利器""重器",甚至是"法宝"。故教师要"用建结合",做到"融合创新"。

在教育行动上,根据《实施方案》,我们不但要着力构建"基于信息技术的新型教育教学模式"和"教育服务供给方式以及教育治理新模式",而且要"创新信息时代教育治理新模式",并开展"大数据支撑下的教育治理能力优化行动,推动以互联网等信息化手段服务教育教学全过程"。我们不但要"深度融合信息技术与教育教学,充分利用信息技术开展人才培养模式和教学方法改革",而且要"加快推进智慧教育创新发展,实施人工智能助推教师队伍建设行动"。

在教学实践上,我们要利用好"互联网+教育"服务平台的支撑和"三通两平台"的支持,构建基于教育信息化的常规课程课堂教学,同时研发和开设如编程、机器人、无人机、3D打印、虚拟现实(VR)和人工智能(AI)等教育信息化特色课程,开展基于信息技术和网络平台创新应用的线上教研或教学交流分享活动,开发和利用好信息化教育教学资源,实现教学手段科技化、教育传播信息化、教学方式现代化。

总之,我们广大教师要争当教育信息化的应用者、研发者和耕耘者,不断提高自身的信息素养,坚持在教书育人的过程中,利用好教育信息化这股力量,积极主动地加快推进教育现代化的建设和发展,至诚至真培育好信息化、现代化的创新型人才。

教育要有"开合"的姿态

教育一端连着个体的成长,一端连着国家的发展,具有举足轻重的战略意义和民生价值。发展教育,提高教育质量,刻不容缓,任重而道远。新时代教育乃至未来教育应如何发展?依我来看,教育要有"开合"的姿态。

所谓"开合"的姿态,是指"开"和"合"两种姿态,"开者"有开放的融通心态、开阔的国际视野、开明的教育态度、开心的生活状态;"合者"以整合、融合、契合为路径,以综合、符合、适合为方法论,以合作、共享、共赢为理论和实践的价值追求。

首先,从系统论上说,教育和人都是开放的系统。开放的系统要维持有序的状态,必须从外界源源不断地注入能量,并且把这些能量融合到系统中去。如果没有能量的输入和维持,有序的系统就会变得无序,就会失去其本然的样子和功能。比如人每天吃东西就是给自己的身体补充能量,如果没有吃东西,那么人就会饿得"发慌",甚至生病或死亡。也就是说,与外界进行"开"的交流和"合"的交融,是教育和人的一种本然状态、一种生命的需要。可以说,没有"开"的教育就是故步自封的教育,没有"合"的教育就是缺乏活力的教育。

其次,在认识论中,教育是一种对文化的传承和创新,这就需要对过去文化和世界各地不同文化的理解的"开"、尊重的"开"、包容的"开"和接纳的"开",因为"万物并育而不相害,道并行而不相悖",共同进化才是生命的本真;同时,我们也要对这些文化进行当代、当地、当校和当下的解释与整合,从契合自身实际和适合本校师生实情出发,创造性地转化,创新性地发展。只有这样,教育才能充满生机,才能焕发应有的张力、生命力和影响力。

  最后,从课程来看,课程是教育思想、教育目标和教育内容的主要载体,集中体现国家意志和国家使命,是学校教育教学活动的基本依据,直接影响育人质量和育人方向。诚然,课程的宗旨是育人。人是综合的,且有差异性和特殊性,所以课程的开设也要多样化,具备综合性和选择性的特点。中国人民大学附属中学翟小宁校长说:"学校课程体系设计原则要体现科学合理、文理兼容、丰富多样和纵横开合,以开放的视野、学习时间、学习空间和学习机制,通过跨文化、跨领域、跨学科、跨校门的课程整合,使每个学生的需求尽可能得到满足。"

  由此可见,教育要有"开合"的姿态。"开合"的姿态缔造"开合"的教育,"开合"的教育铸造"开合"的人才,"开合"的人才创造"开合"的未来。人的教育、社会、生活、世界和未来都会因"开合"的姿态而更加和谐精彩。

学科育人要跨越学科

  学科教学的根本价值,在于育人。从《中国学生发展核心素养》

的提出到"学科核心素养"的凝练，凸显了我国基础教育改革对学科育人的发展定位和价值追求。

基于核心素养的学科教学在育人上需要跨越学科的姿态。

在教学对象上，无论是哪个学科的教师，所教的对象都是学生，都是散发生命力的人。在这一点上，学科教师之间的关系不是"竞争者"，而是"同盟者"。教师要跨越学科的边界，共同为学生的全面发展和个性化成长提供适合的学科教育。要达到这一境界的学科教师，需要跨学科的思维和储备更多整合性知识，特别是要发现学科之间的联系，在学科教学中融会贯通，让学生能够在不同知识领域进行综合性学习，从而提高综合能力和发展核心素养。

在学科知识上，很多学科和其他学科的知识都是相互交叉、相互融合和相互促进的。学科交叉，既是一种常态，又是一种常识，并且是一种需要。比如，在学习"遗传定律"时，如果不具有相应的统计学和数学知识，那么要理解和掌握子代的比例和概率是相当困难的，甚至是不可能的；如果不拥有一定的化学知识，要学会基于分子水平的光合作用和呼吸作用等过程，或阐述核酸、蛋白质等生物大分子的结构，也是无法做到的。DNA分子双螺旋结构的发现不就是生物学家沃森和物理学家克里克合作才发现的吗？冷冻电镜的诞生，成了结构生物学研究的重要手段。

生物学科教师在讲"生物与环境"时可渗透诗歌教育，用白居易的《大林寺桃花》"人间四月芳菲尽，山寺桃花始盛开"的诗句说明植物和温度的关系；语文学科教师在解读这首诗歌时，也可以引入生物学"生物与环境"相关知识，这样学生对诗歌就更加易懂了。如果语文学科教师具备蚕的生物学知识，那么在讲授李商隐的诗句"春蚕到死丝方尽，蜡炬成灰泪始干"时就会发现，蚕其实不是"到死"丝才尽，而是"化蛹"期就尽了。甚至，不同学科的教师还可以同时为同一班级的学生授课。相信这样跨越学科的姿态在学科育人中定能成为一道绚丽夺目的风景。

总之，人的本质是整体的、综合的，同时学习本身也是跨越学科的概念，并且现实生活中诸如环境、卫生、医疗等问题往往都是综合的，单凭单一学科知识常常是无法解决的。教育学者乔伊·德利奥说："为了解决由于世界的日益相互依存性而出现的彼此联系的社会和环境问题，我们需要一种超越学科界限的整合性知识（也可以叫超学科的求知方法），它超越了学科的界限。这不仅仅是将各学科的信息进行简单的叠加或混合，也不仅仅是各部分的总和，而是会对真实世界的各种复杂问题提供新视野和创造性的解决方案。"这就需要学科教师跨越本学科的范畴，进行全人教育。

第二辑

读懂学校：
教师成长的宝地

"学校者，造就人才之地也，治天下之大事也。"

——郑观应

好学校的生命气象

什么样的学校是好学校？好学校究竟是什么样子的？好学校有哪些生命气象？对这些问题的思考和追问，不仅必要而且重要。

有人说："好学校，学生不是惴惴不安而来，满腹惆怅而去，而是每天带着向往和期待走进校园，怀着微笑和愉快离开学校；好学校，教师不再一味跟风，徘徊于事物表象，而是追根溯源，思考着将教育作为品质追求。"

在我看来，好学校应该是书香弥漫的地方，是历史、文化和梦想汇聚的生命场，是求知者的乐园，是求道者的圣殿，是追梦者的垫脚石，是磨难者的港湾……好学校就是高大而宽广的肩膀，让人可以企望一个叫做"未来"的远方。在这里，师生可以获得优质学习和健康成长。好学校，有以下的生命气象。

生命得到尊重

生命得到尊重是好学校最基本的生命气象。不论是优秀学生还是普通学生，不论是先进教师还是一般教师，不论是学校领导还是后勤人员，甚至校园里的一花一草一木，都得到最起码的尊重，这是好学校最基本的生命气象。尊重，是人的生命的一种基本需要，是办好学校教育的基础，是师生活得有尊严的基本保障。可以说，哪里有尊重，哪里就有好教育；哪里没有尊重，哪里就有坏教育。

在好学校里，尊重应无处不在：不仅"高个子"得到赞美，而且"矮个子"也得到赞赏；不仅"白天鹅"的"美"得到认可，而且"丑小鸭"之"丑"也得到认同。在好学校里，尊重应无时不有：做对时，有肯定，有赞许；犯错时，有纠正，有包容；成功时，有嘉奖，有表扬；失败时，有安慰，有鼓励。对待学生的学习，好学校的教师能遵循学习的本然规律，做到尊重学习者的个体差异和个性差别，既扬"尺之所长"，又融"寸之所短"；既鼓励"出类拔萃"和"精益求精"，又包容"马马虎虎"和"似懂非懂"。

课程丰富多元

课程丰富多元是好学校最亮丽的生命气象。课程就是学校为学生提供的"食粮"，若要尊重和满足不同学生的口味、饮食习惯和营养需求，那么课程就必须足够丰富、足够多元。只有这样，学校才可以让学生自由自在地选择自己所喜欢的、所需要的课程。

好学校的课程不是设定好的"套餐"，也不是为了赶时间和贪方便的"快餐"，而是学生能够自主选择的"自助餐"。显然，学生人数越多的学校，需要提供饭菜的样式、品种、味道等就要越多。这就需要学校把课程打开，让更多的资源进来。比如，家长资源、社区资源、社会资源，等等，都可以为学生的成长提供"养分"，成为他们学习的"教材"。也就是说，好学校应以开明的思想、开阔的视野和开放的姿态，整合各种资源，融合各方力量，打造独具特色的"菜谱"，创造适合不同学生的"菜系"，以契合和满足他们全面发展和个性成长的需求。

师生教学相长

师生教学相长是好学校最动人的生命气象。好学校不仅能使学生成长，而且也能成就教师。不论是教师，还是学生，都是学校最直接、最有影响的代言人。好学校之好，关键在于拥有好教师和培育出好学生。当然，好教师、好学生都是成长起来的，所以好学校是师生在教学中相互学习、相互辉映、相互成就的"乐园"。好学校既是学生成长成才的"殿堂"，也是名师、名校长和教育家成长的"摇篮"。

在好学校里，师生彼此不仅能学习知识，而且能更新知识；不仅能传承文化，而且能创造文化；不仅能学会竞争，而且懂得合作；不仅能学会与人相处，而且懂得如何独处；不仅能学会选择与追求，而且懂得放弃与妥协；不仅懂得热爱生命，而且学会关爱自己。故，好学校的师生，教学相长。最好的相长，在我看来，不是"教师成长为教师，学生成长为学生"，而是"教师变成学生，学生变成教师"，即教师培养出超越自己、让自己都佩服的学生。

生活幸福有味

生活幸福有味是好学校最暖心的生命气象。向往幸福的生活，是教育追求的旨趣，是人生奋发的动力。好学校的生活，幸福且有味。这是好学校最暖心的生命气象。试问，有滋有味的生活，谁不向往？好教育无非就是让学生今后可以过上这样的生活。如果学生在学校就可以过这样的生活，那么他们怎么会不喜欢学校？而且，他们也可以从中找到当下甚至在将来生活中属于自己的味道。所以，好学校的校园生活是有味的，尤其是高雅的学习生活和高品质的交流活动所塑造的"品味"。

也许，对个人而言，幸福是一种能力，而对学校来说，幸福是一种魅力。这种魅力，不管是上课时间，还是休息时间，都能吸引师生的眷恋。他们甚至有的还自觉回到学校继续学习和探索，而且他们脸上还常常洋溢着欢乐的笑容。也就是说，好学校就像一个温暖的大家庭，总是能让师生感到幸福而乐在其中。即使学生毕业了，好学校都能如温暖的家或温情的故乡，每一年都能吸引一批批校友回来叙旧谈心。

校园彰显文化

校园彰显文化是好学校最诗意的生命气象。文化是教育的根，是学校的魂。教育本身就是一种文化，学校就是要营造"文化场"来以文化人的地方。当你走进一所好学校，最震撼你的、最让你敬佩的、最使你难以忘却的，往往都是她独具特色的校园文化。当你漫步其中，细细品味，你会发现好学校的校园处处彰显文化，这就是好学校最诗意的生命气象。

文化之于教育，是一个强大的"磁场"，具有独特的育人功能，对人的行为、情感、生活和价值观等都具有无可估量的潜移默化的影响。文化之于学校，就如"一方水土"，其育人功能就像"一方水土养育一方人"一样，有着"随风潜入夜，润物细无声"的奇效。余秋雨先生说：文化是一种养成习惯的精神价值和生活方式，它最终成果是集体人格。用心比较不同的好学校的学生，你会发现他们身上的气质和精神面貌都不一样，甚至看到某学生你就可能知道是哪所学校的。这就是学校文化的力量。

学校如何全方位赋能教师成长

岭南师范学院附属中学办学规模虽小，却成长起来一批优秀教师：湛江市第一个省级名校长工作室主持人、名班主任工作室主持人和名教师工作室主持人，以及第一个正高级教师都出自这所学校；2018—2020年，学校有省名校长工作室和省名教师工作室共6个，市名班主任和名教师工作室11个；学校现有正高级教师6人，特级教师5人，拥有教育部"国培计划"骨干教师近30名，国家级和省级名教师、骨干教师130多名……

在促进教师专业发展方面，我们的做法是全方位赋能教师成长。

其一，教学赋能，提升教师专业水平

教学是学校的中心工作，也是最能体现教师专业水平的主阵地。校长深刻认识到，这块主阵地也是增强教师能力最直接、最有效的地方。

对于青年教师，除了常规的集体备课、听课和评课外，2008年我们成立了"有效教学视导室"，特聘退休的特级教师为首席导师，联合"校园专家"，对青年教师进行全方位教学诊断，并根据存在的问题和各自的优势，指导他们做好教师专业发展规划。

随着学校发展，教师人数越来越多，我们发现旧的"集中式"教学检查越来越形式化，教学检查的作用不断弱化，如何使教学检查再次有实效？凝聚各教研组的智慧，学校制定并实施"教学巡视"制度。每一次巡视活动都对年级所有班级、所有教师进行教学调研与指导，并及时召开反馈会，对年级教学工作进行针对性的指导。这种集现场检查、学生反馈、教师座谈于一体的教学检查方式，非常有效。实践表明，检查与对话交流同时进行，非常有利于提高教师的专业水平。

其二，教研赋能，锤炼教师专业思维

我们以综合教研为统领，发动全校教师人人参与教研。2002年，以省级项目"学科教学策略与心理健康素质的培养"为契机，组织全校教师在学科中进行渗透心理健康教育的教学实践。结题后，我们没有停止脚步，而选择再研究、再实践，并于2018年底出版著作《润泽心灵成长的学科教学》。

近年来，我们以课题立项为突破口，开展基于教师专业发展的真实需求的校本教研。学校先后承担"校本研修引领教师专业发展的实践研究""未来教育空间站支持下的中学教师专业能力发展研究""教师梯度发展'三梯九级'模式校本培养研究""校本研修引领数学教师专业发展的实践研究"和"教师专业成长激励机制研究"5个省级研究项目，聚焦教师专业发展主题。这让我们从总体上更加明晰了教师成长的规律，为教师赋能提供了理论依据。

2010年我们启动了校本课题申报，至今每学年都有多项校本课题立项和结题。这些校本课题从教学中的小困惑和小问题出发，通过教师小团队的实践研究，以及课例研讨或主题研修，破解困惑和解决问题。这样的课题研究，小而精，接地气，能有效提高教师的教研能力。截至2020年，教师先后出版相关著作20部，发表文章400多篇。一线教师的教研能够解决教学中的实际问题，促进其快速成长，特别是在锤炼教师专业思维上有不可替代的作用。

其三，名师赋能，指路教师专业成长

为了发挥好"名师效应"，我们不仅鼓励教师积极申报省、市级"三名"工作室主持人，而且制定《"三名"工作室的管理办法》，大力支持"三名"工作室的建设和活动的开展，还成立工作室研学共同体，重点做好以下"五个一"工作。

第一，带一支团队。力求在一个工作周期内使校内团队成员在师德规范上出样板，课堂教学上出精品，课题研究上出成果，班主任工作上出经验，以期对师德、学科教学和班主任工作等方面形成引领。

第二，研一个课题。瞄准新课程实施和教学改革前沿，确定一项具有实用价值的科研课题，并以此为方向，在实践探索中破解学科教学和德育工作的难题，带领工作室和校内团队开展科研活动。

第三，做一次展示。每学期承担一次校级或以上主题展示活动，以研讨会、报告会、名师名班主任讲坛、公开教学、德育和课堂诊断等形式，传播先进的教育理念和教学方法，帮助教师解决教与学过程中的难题，充分发挥名师或名班主任的作用，形成名优群体效应，实现优质教育资源共享。

第四，建一个网页。开创工作室网页，及时传递工作室成员和校内团队之间学习成果，交流工作室研究成果，使网页成为教学动态工作站、成果辐射源和资源生成站，以互动的形式面向广大教师和学生传播。

第五，出一批成果。工作室教育教学、教科研、管理等成果以精品课堂教学实录、个案集（含教学设计、课件、案例分析、课例）、论文、课题报告、专著等形式向外输出。

其四，研修赋能，引领教师专业发展

我们以校本研修为抓手，为教师专业发展铺路搭桥。2009年，岭南师范学院附属中学被评为广东省首批校本培训示范学校和湛江市校本研修示范学校；2017年被列为"中国好老师"公益行动计划基地学校；2018年被确定为省基础教育研究实验基地学校，承担"校本研修引领教师专业发展"的项目研究，发挥了区域辐射引领的作用。我们开展的茶馆式研修工作成果《从制度走向文化 用幸福照耀教育》2010年荣获省级一等奖，并在全省校本培训创新发展研讨会上做了经验介绍。

茶馆是一个轻松、自由、活泼、无拘无束、可以畅所欲言的环境。我们的茶馆式校本研修形式，首先是形式宽松，讲可以，唱也可以，演示也可以；其次是发言自由，不规定发言顺序、不规定发言时间长短，可以"插嘴"，可以群说，也可以私下交流；再有就是讨论的内容宽松，甚至偶然说一些似乎与主题无关的也可以。因为自由、宽松，一般不会产生话语霸权，教师谈话愉悦、和谐。但茶馆式校本研修与真实的茶馆也有不同之处，我们的活动都会有一个主题，有问题设计，有主持人，便于对活动进行恰到好处的调控。

在校本研修上，岭南师范学院附属中学的创新做法有四项。一是抓住一个关键：积极创造研修文化，让校本研修在和谐的环境中生根；二是抓住一个重点：以中青年教师为重点，分层分类促进教师专业发展；三是抓住一项技术：让现代信息技术在研修中发挥其独有的作用；四是高举一面旗帜：创新研修平台，让校本研修更有实效。

当形成了文化，养成了习惯，校本研修就如人们的呼吸一样自然，一样需要。在这样的文化氛围下，教师参与的热情高，主体作用发挥得好。当然，教师的专业发展是要融入这个时代的，尤其是要用好这个时代的科学技术为成长服务。

我们还意识到，教师的专业发展是有生命周期的，不同成长阶段的教师，其发展的重心不同，工作前三年是教师的职业适应期，其专业发展的核心特征是"适应"，包括角色适应、环境适应和教学适应；工作4~10年是教师专业能力构建期，其专业发展的主要任务是构建学情分析能力、教材处理能力、教学设计能力、课堂组织和掌控能力、教学反思和反馈能力、专业诊断与教育能力、教研与写作能力、学生竞赛和心理辅导能力等专业能力……我们的校本研修在人员分配和主题安排上都会对此有所考虑。

此外，教师专业发展是有方向的。对于善教的教师，我们引导他们成长为教学名师；对于善研的教师，我们帮助他们发展为科研型教师；对于善思的教师，我们鼓励他们以思想型教师为专业发展的坐标系……根据不同成长方向的教师，开展不同主题的研修活动，旨在让每一个教师都能美美地做自己和做美美的自己。

其五，机制赋能，激励教师专业自觉

哈佛大学研究表明，缺少必要的激励，一个人的工作能力往往仅能够发挥 20%~30%，而在有效的激励之下，一个人的工作能力则能够发挥 80%~90%。所以，我们注重利用机制的作用，激励教师走向专业自觉。

评选示范性教研组。通过示范性教研组的评选，促使教研组建设工作实现制度化，我们规定每两周进行一次主题明确的教研活动，如业务讲座、课例研讨、主题研修等，并实现"精细化管理"，要求教研活动的组织和策划者，从内容到形式，精心策划每一个环节，确保每一次活动有效、高效，保证让每一位参加者都有思考和收获。目前学校共有 11 个省、市示范教研组。

授予党员教学示范岗。为鼓励党员教师发挥先锋模范带头作用，以彰显学校党建工作的影响力，从 2010 年开始启动"党员教学示范岗"项目，2015 年增设"党员班主任示范岗"。截至 2022 年，先后设立了 8 批"党员教学示范岗"，共 72 名教师获奖；5 批"党员班主任示范岗"，共 30 名教师获奖。党员教师示范岗的设立，极大地激励了示范岗教师的使命感和责任感，有效促进了他们的专业成长，取得良好的示范效果。省委教育工委创先争优活动领导小组办公室以简报的形式将其面向全省推广。"党员教学示范岗"项目荣获省一等奖和湛江市党建活动创新奖。

设立教育教学成果奖。为了鼓励教师自觉地参与教研，学校 2010 年出台了《教育教学科研成果奖励办法》。每年根据奖励办法，对教师结题的课题项目、出版的著作、发表和获奖的论文、获奖的课例和课件、开发的校本课程、教育教学资源，以及获得各级教育教学的成果奖，学校都会给予适当的现金奖励。

总之，我们利用各种可能，全方位为教师专业发展赋能。因为我们相信，只要教师有充分的能力，教师的教育生命就会焕发出勃勃生机，教育的生态就能欣欣向荣。

立起来！校本培训的命脉

在校本培训这个场域，校长既是"规划师"和"设计师"，又是"实践者""引领者"和"支持者"，还是"责任人"和"受益人"。校长应通过"成长教师"这个支点，来撬动"发展学校、培植品牌、成就学生和成全自己"这一"教育球体"。

就我所在的学校来说，校长和领导班子不仅全方位支持校本培训，还带头开展校本培训。正因为如此，每名教师成长迅速，成效明显：湛江市第一位广东省名校长、名班主任、名教师工作室主持人都诞生在这里；学校被认定为"中国好老师"公益行动计划基地校、广东省首批校本培训示范学校……此外，目前超过一半的湛江市教育局学科教研员是从这里成长起来的。这些成果无不证明校本培训对教师个人成长和教师团队发展都大有裨益。其中，最成功、最关键、最值得推荐的一条是——"立起来"。于校本培训而言，这就是命脉。

所谓"立起来"，就是在"请进来"和"走出去"的基础上，指向把校园名师、校园名家、校园名班主任和校园专家等"立起来"。这也就是说，在通过校本培训促进教师成长的同时，依托成长起来的教师深化校本培训，从而使校本管理、校本课程、校本教学、校本教研、校本评价等更人性、更科学，从而提高学校教育生活的品质和生命力。

那么，怎样"立起来"？主要策略和做法有以下四项。

一是党建立标。为优秀党员教师设立"党员教学示范岗"和"党员班主任示范岗"，让他们深深扎根在教育教学一线，并做出表率。他们的课堂向全校教师开放，并定期公开展示优秀课例或主题班会等。通过党员教师的示范引领，带动其他非党员教师的教育教学工作，从而使全体教师形成自觉追求上进和人人争当先进的良好氛围。

二是名师立榜。鼓励和扶持"术业有专攻"的先进教师发展成为名校长、名教师、名班主任工作室主持人或校园专家，不但加强名师对外引领和辐射作用，还注重在校内强化名师效应。当教师成为优秀的名师，他们就不会平庸，不仅能发挥自己的才华和专业辐射，而且能帮助其他教师更快捷地成长。

三是课程立地。推行校本培训课程化，为不同年级、学科教研组、备课组教师，或者不同年龄、性别、类型的教师，开设与他们的成长需求、工作需要等相匹配的进阶课程或专题课程，为教师的专业成长垒高地。有了课程，教师校本研修就能实现常态化、专业化，对不同梯队的教师来说，都能获得相应的学习机会和成长空间。

四是文化立心。通过顶层设计和实践提炼，形成具有学校文化气脉、教师精神气象和价值认同的校本培训文化，构建具有共同教研话语体系的文化场，人人都能在校本培训中收获幸福和成长，并照亮他人，温暖人间。经过这种文化场的浸润，教师就易于形成自觉自律的品格，从而不断成长自己，主动做成长型教师。

立至诚之心，树至真之魂

——广东省岭南师范学院附属中学"诚真教育"特色育人纪实

文化是学校建设的灵魂。学校只有根植于自身文化、地域传统，厚植特色育人体系，才能迸发出旺盛的生命力和竞争力。为了找到学校发展的"魂"，广东省岭南师范学院附属中学的教育人经历了漫长的文化溯源。首先，他们在自身的文化传统中发现了诚真、友善、和睦的特色；其次，在学校毗邻的寸金桥公园，他们找到了抗法英雄"寸土当金与伊打，誓与国土共存亡"的大无畏传统；最后，他们还在陶行知先生"千教万教，教人求真；千学万学，学做真人"的教育理念中找到了深深的共鸣。基于以上学校文化传统、地缘文化传统及教育理念方面的思考，岭南师范学院附属中学于2013年提炼出了属于自己的文化之"魂"——"至诚至真"。在"至诚至真"理念的引领下，学校共养至诚风尚，普行至真教育，走出一条以"培养至诚至真的现代公民"为目标的、独具特色的"诚真教育"之道。

其一，党建引领强诚真

构建扎实的"诚真教育"体系，根基在教师，毕竟只有"至诚至真"的教师群体，才能培育出一群"至诚至真的现代公民"。那么，学校应该如何引导教师呢？以党建引领强师魂。近年来，学校以塑造"诚真党建"品牌为抓手，不断加强党对教育的全面领导，坚定了教师"为党育人，为国育才"的初心使命，有效提升了教师的综合素养。

以主题教育坚定理想信念。学校积极开展"不忘初心、牢记使命""学党史、知党恩、跟党走"等主题党建活动，使教师深刻认识到"师德师风是新时代教师评价的第一标准""教师的第一责任是传道"……从而自觉地以德立身、以德立学、以德施教、以德育德，培育社会主义合格建设者和可靠接班人。

以全员学习提升政治素养。学校紧紧围绕"贯彻落实习近平新时代中国特色社会主义思想和党的十九大精神"这一主线，深入推进"两学一做"学习教育常态化，做到教育学习领导班子走在前，专题学习全体党员跟着走，政治理论学习教职工不掉队，业务学习人人齐参加。

以党建活动增强专业能力。除常规的"三会一课"、民主生活会等党建活动外，学校还积极组织教师开展集体备课、小组磨课、相互评课、全科晒课和赛课、知识竞赛、演讲比赛、课题研究等活动，让教师在相互砥砺中提升专业素养。

以岗位引领培育先锋模范。学校启动"党员教学示范岗"和"党员班主任示范岗"项目，对优秀党员教师进行挂牌亮岗，以发挥党员教师的"双带头"模范作用；同时精心培育"校园专家"，并通过"一帮一"的方式助力青年教师快速成长。

其二，文化塑造铸诚真

文化是一种积淀，是一种传承，更是一种力量，可以在潜移默化中影响人。为了能在岭南师范学院附属中学形成一种"不教而教"的"诚真文化场"，学校一手抓环境硬文化建设，一手抓风气软文化营造，取得显著成效，切实让学校的每一个角落都成为学生受教育的"诚真文化场"。

构建处处浸润"诚真"的校园环境。为此，学校在明志楼一楼走廊顶部建有以《大学》《论语》《中庸》等传统经典名句为主要内容的

"思想的天空";在明仁楼旁立有以"励志求学""尊儒重道""精忠报国""卧薪尝胆"等经典故事和学校诚真文化理念为主体的"诚真之路"主题浮雕;校园墙壁上描绘有以"千学万学,学做真人"为寓意的"千学图"等。

营造时时浸润"诚真"的文化氛围。学校秉持诚真教育理念,通过制度规范、榜样引领等方式,在校内逐步形成了"讲规则、重落实"的执行文化、"精管理、优课堂"的管理文化、"兴科研、求实效"的研修文化和"重人文、创特色"的目标文化……它们相互衔接,构筑起一个时时覆盖校园的"文化场",使进入这个场域的师生每时每刻都受到熏陶,在潜移默化中帮助师生铸就诚真之品质,助力其成长为能诚诚实实做人、认认真真做事的大写的中国现代公民。

其三,课程建设培诚真

课程是学生成长最好的土壤。岭南师范学院附属中学的诚真教育体系,除了党建引领和文化浸润,还特别注重发挥课堂育人主阵地的作用。学校通过研发系列诚真特色课程、创新国家课程教育方式,切实让学校诚真教育理念渗透学校教育的每一个环节。

研发诚真特色课程。特色课程主要包括岭南师范学院附属中学四书课程、仪礼课程、节俗课程(如春·阅读节、夏·行远节、秋·科技节、冬·体艺节)、综合实践活动课程、社团课程、心理团辅课程、主题教育课程、创新素养培养课程八大类课程。

在诚真特色课程实施中,岭南师范学院附属中学以四书课程、心理团辅课程和主题教育课程立诚真之心;以仪礼课程、节俗课程、综合实践活动课程、社团课程、创新素养培养课程立诚真之行。两者合二为一,体现了诚真教育追求知行合一的育人理念。

创新国家课程教育方式。在国家和地方课程实施上,岭南师范学院附属中学注重鼓励教师根据班级实际,因地制宜地对国家课程的教材进行改编重组和深度挖掘,开发适应不同年级和不同学生需要的校本课程和选修课程,为课堂注入诚真文化内涵。例如,在语文教学中融入数学课程的数轴方法,把课文中的时间推移、地点转换、情节安排和故事发展等要素形象地呈现给学生;又比如,在语文教学中,教师注重捕捉学生的心理需求,讲究用交流构建心灵的安全岛,巧用经典散文、经典诗词等培育学生至诚至真之心。通过传统课程的多样化、融合化等举措,打破过去"千人一面"的人才培养模式,学生"人人能学习,人人都出彩"成为可能。

其四,特色活动育诚真

生命在于运动,学生成长需要活动。充分发挥活动育人功效,让学生在丰富多彩的校园活动中发挥潜能,实现全面而有个性的成长,这也是学校教育的重要一环。

开展丰富多彩的社团活动。如根据学生意愿和发展需求,学校先后成立雨溪文学社、雨燕天音社、科技爱好者协会、爱心社、广播站、戏剧社、动漫社、书画社、摄影社、绿色环保志愿者协会、演讲社、心理协会、文工团、音乐社等数十个社团。校园有了丰富多彩的社团活动,学生的生活就有了色彩。如为了让学生爱上阅读,学校陆续开展"三读"听书香、"疯狂"闹书香、"大家"讲书香、"尖子"传书香和"展技"品书香等活动,成效显著。

开展各种形式的社会实践活动。书上得来终觉浅,绝知此事要躬行。为了提高学生的综合素质,引导学生知行合一,学校每学期都组织学生到校外基地开展学工、学农等实践活动,不仅磨炼了学生的意志品质,培养了学生各项劳动技能,而且让他们切身感受到祖国的发展与家乡的变化,增强了其爱国爱乡之情。

教育路上,诚真为伴。经过9年的实践,如今"诚真教育"这一理念,早已在岭南师范学院附属中学发芽开花,形成了一个完善的育人体系,有效促进了学校的内涵发展,实现了师生的幸福成长。学校还因此被评选为全国特色教育学校、"中国好老师"公益行动计划基地校、广东省中小学教师校本研修示范学校、广东省书香校园、广东省中小学心理健康教育特色学校……未来，学校将继续深耕"诚真教育"之道，教育学生守诚心、做真人，努力培育更多中国特色社会主义事业合格的接班人，为实现中华民族伟大复兴的中国梦做出更大贡献。

留住好教师的"四子"之策

好教师不仅是学校的"一种光荣"，而且，如果学校是一艘航母，那么好教师就是驱动这艘航母的"引擎"；如果学校教育是一栋高楼大厦，那么好教师就是支撑这栋高楼大厦的"四梁八柱"。好教师是学校品牌建设最重要的资源和力量，更是提高教育教学质量最核心的支撑和保障。留住好教师是学校办好教育的重要举措，也是护住学校的门面。那么，学校该如何做呢？在我看来，要讲求"四子"之策。

一是给"位子"，有位可作为

能成长为好教师的教师，在过去的从教经历中，一定是做出好成绩且得到广大师生乃至家长认可的教师。通常，他们渴望在学校里拥有与其专业成长和成就相匹配的生态位，得到应有的重视和尊重，以进一步实现自我价值。若这方面需求得不到满足，则极可能受其他好机会的吸引而选择离开。学校要留住好教师，就应给予其可作为的位置。做成长型教师，通常都会有自己所向往的位置。授予好教师"校园专家""首席教师""领军教师""党员教学示范岗""党员班主任示范岗"，并纳入绩效范畴，这些都是行之有效的做法。

二是解"难子"，无后顾之忧

留人贵留心，留心贵重情。学校要留住好教师，关键是"留心"，着力点在"情"。学校不能只关心教师，还应关心其家庭。据一些被引进的名教师或优秀教师反馈，他们之所以离开原单位，很重要的原因是新单位主动帮忙解决配偶工作问题或孩子就读问题，免除教师的后顾之忧。倘若原单位能给予好教师类似的温暖，那么好教师是会因为感激和感恩而继续留守的。教师的情义在，爱就在，故而心就在。

三是搭"台子"，工作能出头

好教师不但积累了丰富的工作经验，而且对教育教学或班主任工作有独到见解。他们很乐意和同事或同行分享经验。学校要留住好教师，就应积极搭建平台，使其在日常教育教学工作中展示自我、分享自我，有"出头"的机会。这不仅是对好教师工作的一种有效肯定，还有利于在师生中树立和强化好教师的榜样作用，从而引领更多教师成为好教师。让好教师出头、出彩，是好学校应有的教育景象。

四是架"梯子"，生活有盼头

好教师之所以能成为好教师，离不开他们强大的内驱力。若原单位未能提供更多的发展机会和空间，则他们就可能"远走高飞"。留住好教师，就要关切好教师的发展需求，为他们架梯子，使之在生活中有盼头，而不是感觉"到了头"。在某种意义上来说，好教师是学校宝贵的财富，学校有责任让好教师增值，还需帮助好教师做好专业发展规划，不断地提供相应的培训机会。事实上，越优秀的教师，越有不断成长和发展的需要，且能坚持终身学习。

学校如何指导学生科学选科

——对话浙江省杭州师范大学附属中学教学处副主任林威

近年来各省颁布的新高考改革方案，都要求学生从6门（政治、历史、地理、物理、化学、生物）或7门（多一门技术，如浙江省）科目中自主选择3门作为高考选考科目，如何指导学生科学选科，成为摆在学校面前的一大问题。就此，我和《福建教育》记者谢冰滨与浙江省杭州师范大学附属中学（简称杭师大附中）教学处副主任林威进行了交流，希望他们的先行做法和经验能给大家带来一些启发。

李文送、谢冰滨（以下简称"李"）：杭师大附中的学生什么时候开始选科？选科的过程是什么样的？

林威（以下简称"林"）：我们的学生在高一结束时，需要选择、确定自己的3门选考科目。但是，可以说，学生选科的过程持续了整个高一学年：高一入学时，我们会让学生和家长全面了解高考新政策的详细内容，并进行第一次的学生选科意向调查；之后，学校会给学生提供信息支持（及时张贴各年度国内高校各专业对选考学科的要求，指导学生具体了解自己喜欢的高校和专业有哪些要求）、学科支持(浙江省规定高一并开高考科目不超过8门,即高一学生还有两门"7选3"学科没有学过。没有学过,学生对选考学科就不熟悉,对学科内容、难度,以及自己的适应能力就无法做出合理评价,从而会影响选科情况。因此,学校针对另外两门没有开课的"7选3"学科开设了选修课,尽量让学生全面了解"7选3"学科的内容、难度等)、生涯规划指导(指导学生认识自己,发现自己的兴趣、爱好和特长所在,规划自己的发展方向)等,以便为学生的选科做好准备;在高一上学期和下学期结束时,我们会进行第二次和第三次的学生选科意向调查,然后通过数据分析,了解学生选科意向及其变化;最终,我们会指导学生根据高一学年的学习情况、自己的兴趣爱好、职业理想与人生规划等,结合父母、班主任和成长导师等多方的意见,确定好选考科目。

李:认识自我,发现自己需要什么,做好生涯规划,是学生选科的一个重要前提。对此,学校做了哪些工作?

林:首先,为了满足学生的多元化选择和探索需求,给他们提供一个自我发现和自我发展的平台,我校开设了100多门选修课。学生可在综合实践、职业技能、知识拓展、兴趣特长四大类选修课程中自主选择感兴趣的课程进行学习,在学习中认识自我,发现和发展自己的兴趣,并有意识地培养相应的能力。此外,我们还与浙江大学、杭州师范大学合作,开设了大学先修课程。这可以让学生更多地了解大学专业信息,提前规划自己的发展方向。

其次,我们成立了"生涯规划指导中心",开设了以常规指导课程和"自我认知和管理素养"为核心的生涯规划系列课程。在学生生涯规划教育中,我们构建了课堂教学、实践探索、学生生涯社团、个人生涯咨询"四合一"的教育教学模式,侧重帮助学生认识到自己的兴趣和能力所在,学会把兴趣转变成学科优势、职业追求,以便在选科和选专业方面有的放矢。高一新生入学时,我们会组织学生开展职业兴趣测试,让学生了解自己的职业兴趣倾向。然后,分年级进行指导(我们的学生生涯规划教育并不仅限于在学生选科前实施，而是持续贯穿于整个高中阶段）。其中，高一阶段，主要借助常规的职业生涯规划课程，唤醒学生的生涯发展意识，让学生了解自己的兴趣、特质、价值观，意识到"我想做什么，我能做什么，我怎么做"的生涯问题；高二阶段，我们会开设专门的选修课，组织有针对性的生涯探索活动，让学生在了解个人特质的基础上，对教育与职业信息、个人与环境之间的关系做重点探索；高三阶段，则以考前心理辅导、高考志愿填报、大学生活展望等方式，增进学生生涯规划和决策能力。

最后，我们建立了成长导师制，为每位学生配备了一名成长导师，以更好地实现学生的个性化发展。成长导师不仅在学术上提供指导，在生涯规划、选科指导、心理疏导等方面也发挥了重要作用。通过成长导师的引领，学生进一步强化了规划意识，加深了对自我的认识，大都能根据自己的兴趣和特长选择学习内容、发展个性。除了成长导师外，学校还有两位国家级的金牌生涯规划师为学生的学业、生涯规划、生活提供指导和帮助。

李：选科时，自己的兴趣爱好、学科考试的难易度、行业的未来发展、家长的意愿等，都是学生必须考虑的因素。然而，对于一些学生来说，这些因素之间可能是互相冲突的，选择时很难兼顾。对此，贵校遵循什么样的指导原则和价值取向？如何帮助学生化解这样的选择难题？

林：学生选科时考虑的因素是多方面的，有些因素之间的确存在冲突。对此，我们遵循这样的指导原则：既不放纵不管，更不代替决定，而是尽可能地给学生提供指导和帮助，让学生平衡各种因素，在兴趣爱好和客观环境的最佳结合点进行职业生涯规划，最终做出自己的选择。

具体而言，我校的做法有开展私人定制式的指导、加大信息分享和职业体验、加强家校合作等。这里重点说一下加强家校合作的工作。在众多影响学生选科的因素中，家长的意愿影响较大。然而，不少家长都缺乏职业发展教育的意识，常常凭自己的意愿和理想让孩子选择某种专业和职业，或者意识到了职业发展规划的重要性，但是不知如何给孩子提供指导和帮助。因此，我校不定期地举行"家长正能量工作坊"，与家长分享新高考和有关职业规划方面的内容，以帮助家长转变思想，学会与孩子进行沟通，尽己所能地给孩子提供指导和帮助。

举个例子，学生小张，高一下学期3门选考科目的初选结果为生物、地理、历史。地理和历史是她最喜欢的两门科目，成绩也不错，所以，选择这两门不纠结。生物则有些拿不准，在犹豫是不是该选政治或物理。政治是所有科目中成绩最好的，但并不是很喜欢；物理和生物感兴趣程度差不多，成绩也差别不大。对于大学专业选择，小张有明确的目标，从初中开始就想学学前教育专业，未来当一名幼儿园教师。不过，小张的妈妈觉得当小学教师更好。因纠结第三门到底选生物、政治还是物理，小张与成长导师和学校金牌生涯规划师进行了讨论。他们从学科兴趣、学科能力、学科相关度、社会发展需求、教师因素、职业倾向、专业倾向、高校选择、小张的个性特质等方面开展了分析。最后，小张自己做出了选生物的决定。我想，有这样的指导和帮助，学生选择的难度会降低不少，做出的决定也更加科学。

李：每一所学校的资源（师资、教室等）都是有限的，可能很难满足每一个学生的选择需要。比如，某种选科组合的学生较少，学校很难配置教师、教室等。这是一个非常棘手且难以调和的问题。对此，贵校有何对策？

林：我校应对的措施有以下几点。一是对于师资不足的学科，加大名师和高校优秀毕业生引进工程，确保各学科师资需求。对于师资力量有富余的情况，我们采取了小班化教学、转岗或折算工作量等管理办法。二是加强宣传，充分解读政策，让学生明白不同高校和专业对选考科目的要求，从自身发展的需要理性对待选课科目。这几年，我校学生的选课情况是理性的，各学科的选课占比比较稳定，与师资配备基本一致，特别是物理学科并没有出现非理性的状态，避免了大部分物理教师没有课上的情况。三是引入智能排课系统，结合人工辅助，从而优化排课方案，开发学科功能教室和创新实验室等，合理解决失衡学科教师的工作量问题（通过管理自习课、晚自修，开设选修课等办法）。四是根据学考选考时间统筹安排、合理规划各科每学期的课时数、班级人数等，坚持"三年总体规划，每个学期动态调节"，努力解决师资配置问题。

李：学生确定选考科目后，可能会出现中途想换科的现象。学校如何解决这样的问题？换科之后，学校给这些学生提供什么样的支持和帮助？

林：我校给学生前所未有的选择权，尊重并满足学生的合理选择。"7选3"共有35种学科组合选择，学生的每一种选择我校都能满足。从这几年的运行来看，学生中途出现换科的现象有，但人数不多。尽管如此，我们还是给学生预留了试错、反悔、重新调整的机会，只要是学生慎重思考过，家长同意，我们无条件支持学生换科。为此，我们还制订了换科实施制度：学生填写申请单（含个人申请理由、家长意见、班主任意见、年级组意见、任课教师意见、教学处审核意见等）——换科后及时通知原来的任课教学、新教学班的任课教学——学生打印新课表，及时到新教室上课。对于换科的学生，学校给予了各种力所能及的帮助，如提供课本和资料，课余时间任课教师一对一辅导等一系列贴心服务。

李：选科之外是否存在选教师的问题？对于同一科目，不同教师之间的教学水平和教学能力存在着差异。这是否导致优秀教师的学生选择人数多，部分教师的选择人数少？对这一问题，学校如何解决？

林：在学生选科之前，即高一阶段，我校对所有学科采用分层走班教学。我们的分层走班并不是一成不变的，而是动态的，学生可根据学业情况申请变更班级层次。同时，学校教学处会组织各教研组加强对分层走班教学的探索和研讨，如从教学目标、备课、作业等方面探讨分层走班的教学有效性问题，目的是让各学科教学都能更好地适合学生。实践表明，分层走班教学可以让学生在自己的最近发展区学习，也能促使教师更加细致地研究每一个学生，从而真正体现以生为本的教育理念，并克服了传统课堂教学出现的"优秀生吃不饱，中等生吃不好，后进生吃不了"现象。

学生选定科目后，语文、数学、英语三科仍然采用分层走班的形式。"7选3"科目，则采用平行分班的形式，所有教师均衡分配，不采取学生自主选教师的办法。考虑到不同教师之间的教学水平和教学能力存在差异，我们努力做好几点。一是加强教师培养力度，做好集体备课，做好备课组的磨题、说题、课堂教学的讨论，统一进度和课程资料等。二是完善学科教师考核管理办法。一方面，对全体教师开展学生满意度调查，希望所有教师通过精心备课，用心研究学生，形成个人教学风格，让学生喜欢自己的课堂。另一方面，我们会关注同备课组同学科考试成绩之间的差异情况，对于落后较多的教师，我们会通过座谈、课堂听课等方式开展全面诊断，以帮助他们提升教学水平和质量。三是让名优教师举办"培优班"，让学科优秀学生"吃得好"，其他教师举办"补弱班"，帮助有困难的学生巩固基础、提升能力。

李：越来越多的省、市即将实行新的高考改革方案，走班选科已成为一种趋势。经过三年的改革探索，贵校积累了宝贵的经验。对即将要指导学生选科走班的广大一线教师，您有哪些好的建议？

林：随着新高考方案的逐步实施，如何指导学生科学选科走班，成为许多高中教师需要面对的问题。根据我们的实践探索，我有三点建议。

第一，学习新政策，统一思想，及早行动。学校要通过各种渠道广泛宣传高考新政策，要通过"走出去、请进来"的方式，领会政策精神，吃透政策，要在全校教师大会、各年级的家长会上做好政策的解读，不观望、不抵触、不阳奉阴违，特别是校领导、中层干部、教学部门要做好带头示范作用。同时，学校还要提前考虑实施新高考政策的各种细节和问题，做好应对。只有获得教师、家长的支持且越早启动工作，学校才能在改革面前从容应对，给学生提供适合的教育，满足学生的多样化发展需求。

第二，做好"互联网＋教育"工作。选科走班，离不开信息技术的支持。学校要借助高考改革的契机，加大学校智能系统的建设与更新，如学生信息管理系统、微课平台、排课系统、直播管理平台、走班管理平台、平板应用系统、电子班牌系统、志愿填报系统、"7选3"选课系统、学情跟踪和反馈系统、学科功能教室和创新实验室等的建设，这些都能为学生选科走班提供有力的支持。

第三，积极探索新的学校管理制度，努力形成自身特色。随着普通高中课程改革的不断深化、高考招生制度改革的推进以及选科走班教学的深入推进，原来建立在行政班基础上的普通高中学校运行机制有的已经不适应新情况，学校需要建立适应行政班和教学班并存的新的运行机制。为了不影响学生的选择权，同时不给学生过大压力，我们不应要求学生尽早将3门选考科目确定下来，而要让学生随着学业进程的推进，逐步明确选考科目，学校需要做的是尽可能地给学生提供各种认识自我、发展自我的条件和环境，并给予他们科学的指导和帮助。同时，学校还应积极探索适合本校学生的三年教学和考试安排，一改"千校一面"的教学安排，形成具备自身特色的课程修习和考试安排制度。比如，我校通过几年的努力，形成了富有特色的"三分四选体系"："三分"即为"必修分层、选修分类、体艺分项"，"四选"即为"选导师、选层次、选课程、选考试"。在这个过程中，我校努力做好了统筹安排三年教学计划、动态调整各学期课时、确保选修课程足量开设、全面实施选科走班教学等工作。新的学校管理制度将为学生科学选科、从容应对高考提供保障。

"双减"政策下，学校要做好"三增"

"双减"为义务教育落实"减负""五育并举""五项管理"和营造公益性、公平性、普惠性的教育生态环境的重要举措。那么，"双减"如何在学校教育的田野里生根、发芽、开花和结果呢？在我看来，学校最关键是要做好以下"三增"。

课程数量要"增"

课程是学校为了满足学生生命成长特别是精神成长、思维成长和智慧成长的需求而准备的"食粮"。诚然，人的健康成长需要营养均衡的膳食，而要做到营养均衡，日常所吃的食物就要尽可能多样，讲究荤素搭配。学校要满足数百数千甚至数万学生的学习需求，所开设的课程就要足够丰富多样，且育人价值高。所以，这里所指的课程"数量"包括课程"数量"和"质量"。那么，学校如何开出更多育人价值更高的课程？这需要拓宽思路，开明思想，学会借力、借智，如整合校内外课程资源，融合校内外教师、家长和其他社会人士或机构的力量。要做到这样，学校不但要加强对学生的研究，特别是他们成长需求的研修，而且要加强家－校－社协作育人。

教学质量要"增"

在学生从校外培训回归学校这个学习和成长的主阵地后,学校需要满足学生和家长对优质教学的期待,这样方能让学生安心待在学校里追求生命成长和人生理想。那么,学校怎样提高教学质量?主要策略有四项:一是加快教师的专业发展,全面提升教师的教学水平;二是加强校本教研,特别是对学生认知特征和学习规律的研究;三是和谐师生关系,激发各自的责任感和使命感;四是增强教学评价和作业的科学性、合理性、激励性。当学生在教学过程中的学习效率、效果得到提升时,其课后的压力自然而然就得以降低。

课后服务要"增"

学校不仅要增设课后服务,还要保质保量,切实服务好学生的全面发展和个性成长。要达到这样的效果,学校需要对课后服务从整体上做好顶层设计和规划安排,做好各学段各年级之间的衔接,协调好不同班级和不同学生的学习需求,因材施教,让在课堂学习中"消化不了"的学生在课后得以消化,让"吃不饱"的学生在课后得到拓展。也就是说,学校为每一个学生的成长提供合适的学习环境,从而使他们每一个人都能在学习中得到真正的成长。

学校美育的天空,其实很辽阔

何谓美育

有人说,美育是美术教育、是艺术教育,是对人格和品格的教育;有人说,美术是审美教育,是进行道德教育的一种手段和方法;还有人说,美育是情感教育,是生命教育。黑格尔说,存在就是合理。所以,不同的定义里,美育都有着各自的理由。综上所述,美育不仅是审美教育、情操教育和心灵教育,而且还是道德教育、价值观教育和生命教育。

同时,我们也要清楚地认识到:学校美育不仅可以栖息在"琴、棋、书、画、唱、跳"的艺术教育中,也可以栖息在"听、说、读、写"的语文教育中,还可以栖息在"数、理、化、生、政、史、地、体、信"等其他学科教育中,以及"理想、安全、生命、信仰、卫生教育"等各种德育活动中。也就是说,学校教育的每一个角落,都有美育的气息。美育,就像我们每天呼吸的空气。

为何美育

爱美之心,人皆有之。因此,美育,人人需之。苏霍姆林斯基说，美是道德纯洁、精神丰富和体魄健全的有力源泉。美教给人识别恶，并与之进行斗争。我想说，美是一种心灵的体操——它使我们的精神正直、良心纯洁、情感和信念端正。美是一面镜子，你在这面镜子里可以照见你自己，从而对自己采取这样或那样的态度。美育倡导者蔡元培说："美育之目的，在于陶冶活泼敏锐之性灵，养成高尚纯洁之人格。"

美育既是素质教育不可缺少的一个重要方面，又是中国特色社会主义文化建设的重要内容，更是建设文明社会、文明国家，乃至文明世界的重要纽带。美育不仅能提升人的审美素养，还能潜移默化地影响人的情感、趣味、气质、胸襟，激励人的精神，温润人的心灵。如果说学校有了科技就有了创新的源泉，有了体育就有了生命的活力，那么，有了美育就有了灵动的精神、高尚的风尚和善美的生活。

如何美育

学校美育不能仅局限于美术教育或艺术教育，也不能仅囿于其他学科教育，因为美育之天空要比艺术教育和任何学科教育都要宽阔。著名学者王国维说："美育者，一面使人之感情发达，以达完美之域；一面又为德育与智育之手段，此又教育者不可不留意也。"故，开展美育教育，不仅要跳出固化的"藩篱"，突破僵化的观念，而且要打开思想的天空，认清美育的境域，从而多渠道、多形式、多层面地让美育在每一片土地上都绽放光彩，美润心灵，进而使人德美、心美、言美、行美于世间。

走出学校美育误区,让"美"真正发生

随着社会的发展、文明的进步和思想的提升,人们对"美"的理解、向往与追求,无不昭示着新时代学校美育工作的重要性、必要性和紧迫性。现阶段,各地各学校要结合实际,认真贯彻落实中共中央办公厅、国务院办公厅印发的《关于全面加强和改进新时代学校美育工作的意见》的要求。那么,美育如何在新时代学校教育中落地生根、开花结果?在我看来,让"美"真正发生,应走出以下误区。

走出内涵误区,读懂美育之真义

关于美育的定义,过去主要的观点有"美育是美术教育""美育是审美教育""美育是美感教育"……这些定义在一定程度上帮助人们理解了美育,但也存在片面性。在片面性的港湾里,人们就难以看清美育完整的模样。所以,要读懂美育的真正内涵,需要从更广阔的视野和格局去读懂美育,形成大美育观。

于个体,美育不仅能提升人的审美素养,还能潜移默化地影响人的情感、趣味、胸襟和气质,从而陶冶人的情感,激励人的精神,温润人的心灵;于国家,美育不仅能提高社会精神文明的建设水平,还能形成向美的国家价值、崇美的社会风气,甚至激发民族的创新创造活力,从而促进美丽中国的建设与发展;于世界,美育不仅能展示不同文明、文化之美，还能在各美其美的同时美美与共，从而有利于构建美美相融的美好世界和发展共同体。

美育是关于认识美、发现美、感受美、鉴赏美、践行美的教育。审美教育、情操教育、心灵教育、丰富想象力和培养创新意识的教育等都属于美育的范畴。

走出定位误区，回归美育之本位

在教育的生态系统中，任何一种教育，都有其特定的生态位。无论哪一种教育，都只有在其特定的位置上才能展现其至真至美的芳华。然而，长期以来，我国中小学校存在对美育定位不准的误区。这主要是对美育的育人价值认识不充分、不全面、不深刻等因素导致，从而对学校美育工作没有给予应有的重视。

"坚持五育并举，全面发展素质教育"教育方针的提出，意味着美育和德育、智育、体育、劳动教育一样，都具有不可替代的育人价值和享有同等重要的教育地位。2021年4月19日，习近平总书记在视察清华大学美术学院时指出："美术、艺术、科学、技术相辅相成、相互促进、相得益彰。要发挥美术在服务经济社会发展中的重要作用，把更多美术元素、艺术元素应用到城乡规划建设中，增强城乡审美韵味、文化品位，把美术成果更好服务于人民群众的高品质生活需求。要增强文化自信，以美为媒，加强国际文化交流。"

"五育"犹如人手掌之五指，彼此相辅相成，相互融合，相互促进，都是教育的重要组成部分，都是学生全面发展不可缺少的"食粮"。各级各类学校应把美育纳入人才培养的全过程，贯穿学校教育各学段，通过全员美育、全过程美育和全学段美育，以美化人，以美培元。

走出课程误区，拓宽美育之土壤

教育课程化是学校教育常态化的有效措施和长效机制。美育之树的生长，离不开生长所需要的土壤。课程就是教育在学校扎根生长的土壤，为学生身心的健康成长提供所需的营养。所以，美育森林的形成，需构建大中小幼相衔接的美育课程体系的沃壤来承载。因为学生成长的差异性和志趣的不同，所以学校美育课程要具有多样性，方能满足学生全面而充满个性发展的需求。

那么，学校美育课程有哪些？在这个问题上，我们要走出过去"美育课程就是美术课程""美术课程就是艺术课程"的误区，走进美育课程体系的丛林。学校美育课程的主体课程或显性课程主要包括音乐、美术、书法、舞蹈、戏剧、影视等课程；而非主体课程或隐性课程则主要包括语文、数学、物理、化学、生物、政治、历史、地理、体育、信息技术、通用技术等学科课程，以及综合实践活动、安全、卫生、理想、礼仪等主题教育活动课程。

教育的每一个角落里，其实都有美育的气息，都有美育的影子，都有美育的生机，同时都需要美育的化育。所以，在美育工作的落实、落细中，学校在开齐、开足和上好主体课程的同时，要积极发掘学科课程和活动课程等其他课程的美育资源，不断拓宽美育生长的土壤。

走出教学误区，促进美育之生长

教学是美育课程实施的主渠道、主阵地，是让美育之种子撒播在学生心田，并促进其生长的过程，从而使学生美的心灵、美的形象得以塑造，美的语言、美的行为得以形成，美的能力、美的品质得以提高，进而创造美的生活。

在教学中，一方面，学校美育首先不能再停留在以往"唱唱歌""跳跳舞""弹弹琴"等注重知识、方法与技术训练的层面，即不能把美育教学变成一种技能训练，而应深入艺术教育的精髓，并在掌握"双基"的基础上，提升学生的艺术理解、感知、鉴赏和表达等素养。另一方面，学校美育应跳出艺术教育的限制，深度挖掘和整合学科教学的美育资源，多渠道、多形式、多层面地让学生体验和领略美的"道、法、术"，从而形成对美的"知、情、意、行"，进而培育他们的"精、气、神"。

爱美之心，人皆有之。在新时代，教师都应是美育工作者，学校教育要创设面向人人的美育教学。无论哪一门美育课程的教学，实质上都是通过构建美的生命场，使师生在这个场域中发现科学之美或人文之美，并在体验美的过程中，接受美的熏陶和滋养，特别是中华美育精神与民族审美特质的养成及强化，从而创造以美养德、以美启智、以美育人的生命气象。

走出评价误区，康健美育之发展

教育评价是学校教育的重要一环，具有测评、诊断、激励和导向等多种功能，发挥着"指挥棒"的作用。从《中国学生发展核心素养》的提出，到"学科核心素养"的凝练，凸显了我国教育改革"育人为本，发展为要"的评价取向。就美育评价来说，以知识与技能为评价指标或用分数进行量化考核的方式，显然已不符合新时代教育要求，也不适合美育健康发展的要求。

作为一种集感知性、获得性和内生性于一身的隐性教育，美育的效果很难如其他知识型或实践型知识教育那样采取定量或定性评价。原因主要有三点：一是美育的成效难以在短时期内呈现；二是美育素养不易用分数进行量化衡量；三是美育不太适合用考试的方式进行考核。这就是美育评价的"难点""堵点"和"痛点"问题。

要真正赋能美育的发展，评价要消除痛点、打通堵点、攻克难点和抓住重点，找到科学有效的方式，比如改进结果评价，强化过程评价，探索增值评价，健全综合评价；又比如从单一评价走向多元评价，从定量或定性评价转向发展性评价。从目前美育的现状来看，美育评价的重点或着力点，在于把美育评价纳入各地各学校的教育教学质量评价体系中。把美育主体课程纳入中考和高考，对当前来说，肯定能引起学校和学生的重视。但是，美育的长远发展，若只是把艺术课程纳入中考和高考是不够的，地方或学校应根据不同的美育课程制订相应的评价机制，构成和完善美育的评价体系。

总之，要让"美"在学校教育中真正发生，不但需要走出内涵、定位、课程、教学和评价等方面的误区，而且需要全体教师来共同成就，尤其是教师应先"美"起来，并把更多、更符合学生生命成长的美育课程开设出来，或在学科教学中让"美"的光芒照射出来，同时让校园里的一花一草的"美"生长出来，让师生一言一行的"美"流露出来。在"美"的校园里，在"美"的教育里，在"美"的课堂里，"美"自会悄然发生。

第三辑

读懂课程：
教师重要的职责

"小立课程，大作工夫。"

——朱熹

读懂课程：教师重要的职责

一次讲座中，某教授和教师互动时，提问"什么是课程"，但是，现场教师鲜有人回应；当组织教师研讨"课程和教学孰先孰后"时，教师又争论不休，因为部分教师认为课程先于教学，而另一部分教师则认为教学先于课程。有研究表明，一线教师的教学意识和教学能力较强，但课程意识和课程领导力却有待提高。究其原因，主要是没有读懂课程、没有认清课程与教学的关系等。在我看来，从事教育教学工作的教师不能不懂课程，读懂课程是教师不可忽视的重要职责。

课程究竟是什么

据文献记载，"课程"一词在中国最早出现在唐宋时期（如朱熹在《朱子全书·论学》中提到"小立课程，大作工夫"），主要是指"有关课业的安排"；而在西方最早见于1859年英国教育家斯宾塞的《什么知识最有价值?》一文中，意为"跑道"。这些定义后来并没有得到人们的普遍认可。不同的教育学者先后从不同角度和考虑提出了不同的界定，至今没有形成统一的定义。

华东师范大学施良方教授在《课程理论：课程的基础、原理与问题》一书中介绍了6种典型的课程定义——"课程即教学科目""课程即有计划的教学活动""课程即预期的学习结果""课程即学习经验""课程即社会文化的再生产""课程即社会改造"。课程论专家塞勒把课程比作"一幢建筑的设计图纸""一场球赛的方案""一个乐谱"。还有的学者提出"课程是学校的产品""课程是透镜""课程是多路向的生命通道""课程是将学习内容、学习环境和学习者编制在一起的活动任务"。

上述定义在某种意义上为教师认识课程的内涵和外延提供了宝贵的思考及思路。我认为,课程是国家、地方或学校根据学生的生命成长规律和"合理膳食"的需要,以及新时代发展的当下和未来对人才的需求,为学生的身心健康成长和核心素养的形成而研发的"食谱"。

为何要读懂课程

不管教师有没有意识到,课程在学校教育领域始终有着举足轻重的作用。虽然有课程的地方不一定是学校,但是有学校的地方一定有课程。课程是一所学校的办学之根基、育人之根本和发展之命脉。课程是学校教育最基本、最核心、最重要的载体,被誉为学校教育的"心脏"。用现在的教育话语来说,课程反映了教育目的,承载着培育学生正确的价值观、关键能力和必备品格,以及促进学生德、智、体、美、劳全面发展的教育使命。

课程是落实立德树人教育根本任务的蓝图,是连接教育和教学的"桥梁",是教师组织课堂教学活动的重要依据和指南,为教师的教学育人工作规定了内容,给出了标准,指明了方向。如果教师不懂课程,那么教师何以胜任教学工作?何以完成教育的使命?何以培育学生的课程核心素养?

在基础教育高质量教育体系的建设中,提高教师的课程意识和课程领导力是教育改革的时代要求,也是基于核心素养的课程标准落地落实的必然要求。所以,一线教师不仅要读懂课程,还要不断提高自身的课程领导力。所谓课程领导力，是指教师在课程实践活动中表现出的感召、示范、推动等积极影响力，具体表现在课程规划、执行、开发、资源建设、实施与评价等方面的价值引导力、实践示范力和文化建设力。

要读懂课程什么

除了读懂课程的含义和意义外，一线教师至少还需读懂课程与教学的关系。那么，课程和教学有什么关系？究竟谁先谁后？

塞勒用三个隐喻讲述了课程与教学的关系：如果课程是建筑的设计图纸，那么教学就是具体的施工；如果课程是球赛的方案，那么教学就是现场的比赛；如果课程是乐谱，那么教学就是演奏的过程。由此可见，课程决定教学，先有课程，后有教学。

我的观点是：课程即"食谱"，包括目标、内容、实施和评价等要素，而教学是师生现场共同烹制而成的"菜肴"，教材则是"主食材"。"菜肴"中的营养物质要转化为学生的核心素养，首先得先入学生之口，并进入他们的胃和小肠才能被消化，同时需经过胃、小肠和大肠等的吸收才能进入人体的循环系统，从而运达组织细胞进行新陈代谢。这就需要教师调动学生学习的主体性，使之能主动而积极地参与"菜肴"的烹制，并讲究"菜肴"的色香味俱全和营养均衡，以激发学生的食欲和促进他们健康成长。

教师要清楚的是，食材中维生素、水和无机盐可被直接吸收利用，蛋白质、脂肪和糖类等物质均不能被有机体直接吸收利用，需在消化系统内被分解为氨基酸、葡萄糖、甘油和脂肪酸等结构简单的小分子物质，才能被吸收利用。这就表明，在教学中，教师需通过巧妙的讲解、智慧的点拨、恰当的比喻等策略和艺术，为学生消化食物提供"消化酶"，为学生吸收营养提供"支架"，即深入浅出地展露学习之律、方法之妙和课程之美，帮助学生化繁就简，化难为易，平中见奇，从而做到学以致用，进而起到用以致学的功效。

一线教师如何读懂课程呢？最简单、最直接、最有效的做法是研读每一门课程的课程标准。

读懂课标：把好教学的"方向盘"

之前在和一些教师进行交流时了解到：每次新课程标准颁布后，不少教师都没有对课程标准进行研读，大都只是稍稍翻阅一下，鲜有再问津；部分教师虽然看了新课程标准，但是没有读懂；有的教师虽然听过专家的解读，但自己却很少深入去思考；甚至还有个别教师没见过新课程标准"长什么模样"，具体有哪些内容，并不清楚。如果教师不读、不看、不研、不知课程标准，那么，何以开展基于课程标准的教学？何以清楚教学的方向与目的？何以落实立德树人的根本任务？

为何要读懂课程标准

首先，读懂课程标准是教师读懂课程最简单、最直接、最有效的捷径。无论是课程性质、课程理念，还是课程目标、课程内容，或者是课程实施、课程评价，课程标准都有明确的规定，属于纲领性文件，是教材编写、课程教学、考试命题和学业质量评估的基本依据。这就意味着，教师要让"课程育人"之花盛开，就需读懂课程标准的指导思想和精神。

其次，读懂课程标准是教师开展基于课程标准的教学最根本、最实用、最精准的指南。读懂课程标准既是教师把准教学目标、方向、内容和评价的前提，又是教师教学设计和组织教学，以及找到教学育人重心的导航。哲学家黑格尔说："如果一个人的人生之舟不知驶向何方，那么它的航行将会是痛苦并徒劳的。"虽然教学之旅程并不轻松，但肯定不能徒劳，而应走向高效而优质。高效的教学不能迷失方向，优质的教学要实现学生健康茁壮成长。

最后，读懂课程标准是教师落实"为党育人，为国育才"的教育战略目标的重要前提。现行的普通高中课程标准（2017年版2020年修订）和新颁布的义务教育课程标准（2022年版），都属于国家课程标准，体现了国家意志。所以，广大一线教师要自觉自律地研读课程标准，并在认真学习和领会的基础上，结合所在学校和所教学生的实际情况，创造性地开展教学。这就表明，读懂课程标准不仅是教师的岗位职责，还是专业使命和时代要求。

怎样才能读懂课程标准

首先，读出课程标准的新变化和教学取向。通过对义务教育生物学新课程标准进行新旧对比和与高中课程标准对照研读后，我发现新修订的义务教育课程标准有六大新变化：一是在思想上强调了核心素养；二是在性质上突出了学科特点；三是在理念上发展了课程理念；四是在目标上整合了课程目标；五是在内容上优化了课程内容；六是在评价上研制了质量标准，并呈现教学目标"育全人"、教学内容"少而精"、教学组织"强主动"、教学策略"重探究"、教学评价"促发展"的五大新教学取向。

其次，深刻领会核心素养的真正内涵。核心素养是新课程改革与发展的 DNA，是课程与教学育人的"魂"，贯穿于课程与教学的始终。什么是"核心素养"？要理解好这个问题，教师要从理解"素养"做起。所谓"素养"，是指后天可以通过教育培养的素质，而不可培养的素质则是天赋。教师要认识到，不管什么学科或课程，都是没有素养的，素养是指人的素养。而"核心"则有"中心，（事物）的主要部分"或"事物最要紧的部分，对情况起决定作用的因素"的意思，即事物最主要且赖以生存和发展的因素。

最后，认真阅读有关新课程标准解读文章。课程标准是经过专家、学者和一线教师多人、多轮、多次打磨后形成的概括性非常高的文本文件。对一般教师而言（特别是读之不明白、不理解的教师），最好去拜读有关新课程标准解读的文章，尤其是各课程标准修订组成员发表的文章，即通过借力借智来解码课程标准，以促进自己的深度理解。如果教师能深入研读，并用文字写下所思、所悟，那么效果就会更佳、理解就会更透彻。

如何把课程标准读活

首先，深度变革教与学的方式。2022年新修订的义务教育课程标准强调课程的综合性和实践性，以及核心素养的发展性。也就是说，教师不仅要读懂课程标准，还要把课程标准读活，对教与学方式进行深度变革，以凸显学生学习的主体地位，关注学生个性化、多样化的学习和发展需求，即应从大观念、大单元、大任务的视域，指导或指引学生开展基于真实情境的深度学习、跨学科实践学习等。

其次，全面培养学生核心素养。在"培养什么人"的问题上，新课程标准明确规定了课程育人的定位：培养"有理想、有本领、有担当"的人。这样的人，要胜任未来生活、工作和社会的需求，在校学习期间就应逐步形成相应的正确价值观、必备品格和关键能力。有的教师问："为什么物理、生物、化学和科学等课程都凝练科学思维等核心素养？"这几门课程都属于科学教育范畴的课程，都应培养学生的科学思维，但需从学科视角赋予独特的学科内涵和色彩，从而体现不同课程独特的育人价值；但要谨记的是，不同学科教师教的对象都是学生，都是人，所以，教师应跳出学科的藩篱，用协同的育人方式培养学生。

最后，促进学生走向持续学习。新课程标准之所以如此重视学生核心素养的养成和提倡大单元教学设计，主要是希望广大教师能从更高的课程站位、更深的教学立意和更远的育人意旨，加强学段衔接，培育面向未来的建设者和接班人。此外，教师要意识到：课程标准不是最高要求，而是基本要求。因此，做得好的学校和教师既要依据课程标准开展教育教学，又应超越课程标准，向更高处登攀、更深处漫溯、更宽处发展。

总之，只有读懂课程标准，教师才能把好教学的"方向盘"，才能避免迷路或迷失方向。在正确的方向上行走，每一步才算数，坚持为之才能实现教学育人的目标。

好课程的"四见"功效

课程承载着教育的使命，既是学校教育的主要载体，又是学生生命成长的重要"食粮"。诚然，除了数量，载体的质量、"食粮"的品质，都影响着育人的质量和效果。那么，什么样的课程是好课程？好课程有哪些功效？简单来说，能使学生成长好的课程就是好课程。这样的课程，我认为，在功效上，要能让学生看见自己、洞见真知、遇见真爱和创见未来。

看见自己

看见自己,不但是学生认识自己、进行自我教育和看见他人的基础,而且是做真实的自己和理解他人的前提。所以,让学生看见自己是好课程的基点。在课程实施过程中,教师要根据学生的行为表现、学习反馈等来帮助学生发现自己在本课程学习领域的优势、潜能和不足。如果学生知道了其所能和所不能、其所好和所向往,那么就有利于他们找到课程学习的着力点和成长区域,从而更好地指引他们的后续学习,进而使他们在本课程的学习中不断提高自身的学识、悟性和修为,并找到适合自己成长的坐标系。

洞见真知

学生要获得真正的成长,需习得真知。真知是对事物之本质和规律的认识,是通往科学殿堂和智慧顶峰的云梯,是认知世界、改造世界和创造世界的利器。无真知,无好课程。也就是说,无论是学科课程还是综合课程,无论是理论课程还是活动课程,好课程的支点都在于能让学生洞见真知。同时,好课程要通过真知培育真知,使学生通过对课程的学习形成自己的真知灼见和真才实学。倘若能如此,学生就会发现学习的真正乐趣,甚至养成不断求真、执真和弘真的精神。

遇见真爱

著名无产阶级革命家列宁说:"缺乏情感的认识,便失去了认识的深入。人的思想只有被浓厚的情感渗透时,才能得到力量,引起积极的记忆和思考。"人类浓厚的情感是什么呢?是爱!是源于心中的爱!而爱,是学习的动力,是课程的凸点,是生命的诗意,是生活的蜂蜜。好的课程就是要让学生在课程学习的过程中，经历"入情""动情""移情""悟情"和"抒情"的陶冶和体验，从而使他们能够遇见生命中的真爱。所以，教师要加强学生课程情感的滋养，生发其心中所爱，浇灌其精神田园和情怀居地。

创见未来

创见，在这里是指创造和预见的意思。让学生创见未来是好课程的远点。也就是说，好的课程要有对接未来的课程视野和课程格局，不能只满足于学生当下生活和成长的需要，还要满足于学生未来生活和发展的需求。课程为未来而设，为成就未来社会的建设者和接班人而立。好课程赋能生命的全面发展和个性成长，使之能预见个人之未来、国家和民族之未来，乃至世界之未来，从而自主、自觉、自律地形成创造未来所需的必备知识、品格和关键能力，并以自信、使命和担当的姿态融入新时代。

好课程成就学生"四种发展"

课程是学校教育最基本、最核心、最重要的载体，是组织课堂教学活动的主要依据和指南，是实现教育与教学育人的蓝图和基因。无论课程怎样改革，无非都是追求和打造好课程。那么，怎样的课程才是好课程呢？这是"仁者见仁，智者见智"的问题。从课程价值来说，任何课程的价值，其根本指向都是"育人"，即本质上都是促进人的发展。课程的功能就是教人做人，教人做事。从这个视角来看，好课程应能帮助学生实现以下四种发展。

自主发展

课程服务的对象是生命，而自主是生命成长的基本属性。外界因素虽然可以影响生命的成长，但是绝对替代不了生命的成长。换言之，教师虽然可以影响学生的课程学习，但不能也无法取代学生的课程学习。自主发展就是学生能够根据自己内在的成长需求，独立而主动地进行自主学习和自我教育。

能够自主学习的学生，在内在学习动机上，表现为"我想学"或"我要学"；在自我意识上，表现为"我能学"；在课程学习行为上，通过自我监控、自我反思、自我修正和自我强化等意志控制，表现为自觉地"主动学"；在课程学习策略上，通过教师的"导"或自我的"悟"，表现为"我会学"。所以，在课程教学过程中，除了课程知识，教师更重要的是教会学生学，使之能独立自主地学习和发展。人民教育家陶行知先生说得好："好的先生不是教书，不是教学生，乃是教学生学。"从某种意义上说，任何一种教育归根结底都是自我教育。所以，好课程在促进学生自主学习的同时，也要帮助他们走向自我教育，使之在自尊、自爱、自律、自觉、自强等精神的浇灌下，实现自主发展。

全面发展

教育归根结底是人的教育，学生的全面发展是教育的根本目标，即教育的目的在于使人的本性得到最完善的发展。所以，承载教育使命的课程要帮助学生实现全面发展。那么，为什么学生要全面发展呢？因为人的生命具有生物性、综合性、完整性、社会性和思想性等特征。从这些特征维度来看，学生都需要全面发展。学生的生命成长，就像植物的幼叶一样，需要全面地展开，才能展现出其生命的本然芳华，美美地做自己。《国家中长期教育改革和发展规划纲要（2010—2020年）》强调："树立科学的质量观，把促进人的全面发展、适应社会需要作为衡量教育质量的根本标准。"而《中国学生发展核心素养》的颁布，意味着课程改革的旨归是聚焦"实现人的全面发展"。可见，实现学生的全面发展是好课程的重要标准之一。

那么，什么是学生的全面发展？学界普遍认为，全面发展是指学生在德、智、体、美、劳等方面得到充分发展。也就是说，无论是学科课程，还是综合实践活动课程，或者其他课程，被定义为好课程，都应尊重人生命"全面性"的本质属性，遵循学生的成长规律和成长需求，让他们在课程学习的过程中，不仅能习得课程知识，提高自己的智力，而且能汲取课程知识中所蕴含的"丰富营养"，提升自身的能力、悟性和修为，还能在课程学习的互动交往中丰富情感、丰盈情思、丰润情商。在好的课程中，教师要让学生在一种完整的课程学习生活中，不断完善他们的综合素质，不断修炼他们的品行，使他们的生命得到伸展，从而成为全面发展的人。

个性发展

每一个学生都是有着不同基因和性状的独立的生命个体，加上各自成长环境等方面的不同，所以决定了学生个体之间存在客观的差异性。而好课程都要根植于学生差异性这个客观事实，做到"因地制宜"和"因材施教"，为学生的个性发展提供适合学生群体和个体的课程学习环境。

个性发展是建立在全面发展基础上的一种优势发展或选择性发展。换言之，全面发展是学生个性发展的前提，就好像人的早期胚胎和马、猪、鸡、鱼等动物的早期胚胎外形几乎是一样的，但是经过"充分而全面"的细胞分裂和细胞分化后，才形成了各自不同的

"胎儿"和"婴儿"。就人来说，新出生的婴儿，彼此之间差别是不大的，但是随着身体的发育和个体的成长，人与人之间的差异就越来越大。所以，好课程要帮助学生发现和发展他们的个性优势，使他们能够在日常的课程教学与学习过程中，发挥和应用好自身在学习时间、学习方式、学习空间和学习资源等方面的优势，从而发展成为具有独特的个性优势的人。

终身发展

课程服务于教育，而教育的宗旨是为未来社会培育建设者和接班人。也就是说，教育要为学生的终身发展服务，故好课程就要为学生的终身发展奠定基础，这不仅是课程的核心价值之所在，也是教育的核心意义之所在。好课程要有助于学生的终身发展，就意味着好课程不仅要让学生在当下的成长"走得好"，而且要在未来的发展"行得远"。这是好课程应有的旨趣，同时也是最高的课程旨趣。

为了让学生拥有适应未来社会的价值观念、关键能力和必备品格，世界各国都有各自的课程方案，我国新修订的课程方案是基于《中国学生发展核心素养》的方案。就学科课程而言，所凝练的学科核心素养就是铸造中国未来人才的"核心营养"，即中国学生"行远成人"的"发展必需品"。在这样的情境下，好课程就是要发展学生的核心素养，使他们经过课程的滋养后都能做到终身学习和终身发展。所以，好课程既要立足学生的"最近发展区"，也要指向学生的"未来发展区"。好课程不能只满足于学生当下生活和成长的需要，也要满足于学生未来生活和发展的需求，从而帮助学生发展成为未来社会的建设者和接班人。这就是好课程要具备的课程视野和课程格局。

综上所述，能帮助学生实现自主发展、个性发展、全面发展和终身发展的课程，才是真正的好课程。

教师要有课程资源力

课程是学校教育的载体,是学生成长的"食谱"。诚然,食谱要变成菜肴需要相应的食材。俗话说:"巧妇难为无米之炊。"如果没有食材,再厉害的厨师也无法烹饪出美味的佳肴。同理,如果缺乏课程资源,再优秀的教师也难以为学生提供优质的课程。所以,教师要有课程资源力。那么,教师要有哪些课程资源力呢?

课程资源捕获力

随着"教育+互联网"的深度融合、各大教育资源平台的不断完善和各学科课程数字化资源的陆续建设,每一门课程都有着丰富的资源,关键是教师能否发现、捕捉和获取这些资源。要提高课程资源的捕获力,教师需要树立大课程观,打破学科课程的边界,找到课程与课程、课程与师生、课程与社会、课程与自然等之间的联结、关联和通路,从而为课程教学捕获更丰富、更鲜活的课程资源。教师要有课程资源"无处不在"的意识。世界万事万物均可成为课程资源,同时教师和学生更是宝贵的课程资源。

课程资源整合力

毋庸置疑，就算选用同样的食材和配料，不同厨师烹制的菜肴其色、香和味通常是不同的。究其原因，是因为厨师对食材、配料、油盐、时间和火候等的整合力不同。教师也要有课程资源整合力。如何提升？不仅需要在"整"上着力，还需要在"合"上着手。这就意味着，教师不但要用整体思维来统整课程资源，而且要遵循契合原则来融合创新各种课程资源，致力实现课程资源在新与旧、内与外、有形与无形、有声与无声、纸质与数字之间的融合。此外，教师还需注意课程资源适用度，遵循"适合才是最好"的原则。

课程资源创生力

无论是国家课程，还是地方课程，抑或校本课程，其实施或落地都是师生共同努力创造的过程。要确保这些课程内容顺利、生动和高品质地生成，教师还需要课程资源的创生力。当在课程教学中遇到资源不足或不适用时，这种能力于教师、于教学就显得尤为重要和必要，是教师胜任创造性课程教学的重要条件，是教师实现专业卓越发展的必要基础。要具备或提高这种能力，教师需要加强高阶思维能力的淬炼，特别是创新思维和创造能力的发展。

课程资源转化力

课程资源要发挥出真正的育人价值，不管是捕获的、整合的，还是创生的，都应转化为学生能消化和吸收的资源，以促进他们成长。这就要求教师要根据具体的学生群体或个体的真实需求，选择符合其口味的课程资源，为他们提供营养丰富的课程资源。所以，教师要对课程资源进行科学处理，并以学生易于理解、接纳、学习和内化的呈现，让课程资源转化为课堂教学的有生力量，成为师生教学相长的有效资源和智慧营养。

教师要重视发展课程整合力

如果把课程看作DNA分子，那么师生就像碱基对一样，他们不同的排列顺序（互动生成），决定着课程教学的效果，从而表达出不同的"性状"。课程教学的生成，离不开教师对课程的整合。

课程资源整合力

课程的实施，离不开课程资源的支撑。在课程教学上，谁掌握了资源，谁就掌握了教学的主动性。教师要形成新的认识，不仅课程标准、教材教参是课程资源，家庭、社会、环境等都可以是课程资源。此外，古今中外的历史文化和风土人情、天地万物都可以成为我们的课程资源。在方法上，教师应学会融合各种资源，并找寻与课程相通的契合点，然后根据课程设计和实施的需要，或整合原有资源，或整合新、旧资源，或整合有形资源和无形资源，对课程资源进行有效筛选和优化。教师既要读课标（课程标准）、读教材和读学生，也要读生命、读社会、读世间万物，从而集中各种资源，服务于课程建设。

课程设计整合力

课程设计是指课程设计者围绕课程目标，对课程内容、资源等基本要素进行选择和组织安排。俗话说"条条大路通罗马"，即使在相同的环境条件下，不同的学生都有着不同的到达"罗马"的路径选择。在课程实施之前，教师需要根据实际情况重新调整和安排课程，打破学科或学段设计的壁垒，进行整体和综合性设计，以发挥课程设计最大的整合效应和育人功能，让学生在有限的时间里发挥出无限的潜力。这种能力就是教师的课程设计整合力。要发展这种能力，教师需要掌握不同学生的差异和优势，以及不同课程学习路径的利弊、所适合对象和所需条件，然后根据彼此之间的契合度进行整合设计，使之各尽所能、各尽所美。

课程教学整合力

教学是课程实施的主渠道，是"教"与"学"互动生发的过程，是师生共同创生课程的过程，是国家课程或教师设计的课程转化为教学实践的课程。这就决定教师需要发展课程教学整合力。在主体上，教师要认识到：在课程教学中没有旁观者，师生都是教学中的主体，都是课程创生的参与者。在立场上，教师要认同课堂不是"以教师为中心"，也不是"以学生为中心"，而是"以教学为中心"，使师生都能发挥各自的主体作用。在面对具体的教学情境时，教师要能依据课程标准和教学原理，对课程教学进行现场调适的整合，使教学难度、学习方法和组织形式等都符合学生的认知发展特点和规律，从而促进学生身心得到全面而有个性的发展。

劳育特色课程五"美"馨香

无论历史如何变迁,时代如何变化,社会如何变幻,教育如何发展,劳动在人类社会中从未缺席。崇尚劳动作为中华民族的优秀传统美德之一,学校不但要传承,更要结合时代特点加以发展,充分发挥劳动树德、增智、强体、育美的价值和作用。

近年,在"至诚至真"核心理念的引领下,岭南师范学院附属中学成功打造了"诚真教育"的名片,并致力劳动教育品牌化建设,"生物美食"等一系列特色劳育校本课程颇富特色,指引学生在劳动中发现美、创造美、品尝美、传递美和践行美。

发现"美"的生活

生活中从不缺少美,只是缺少发现美的眼睛。"生物美食"劳育校本课程的首要任务是带领学生感受生活的"美",从而发现"美"的生活。经调查可知,不同学生对"美"的生活有不同的认识和理解,但大多数学生津津乐道的都是各自品尝过的美食。俗话说:"民以食为天。"食,既是生命的保障,又是生活的需要,还是认识美的重要途径。美食之色、之香、之味,始终如美景般吸引人的眼睛,如香水般陶醉人的鼻子,如玉浆般荡漾人的口腔。当美食在肠、胃和大脑留下了记忆,那么它就如心中的男神或女神一样,成为人们今生的眷恋。正因为有如此磁场效应和脑电波作用，在劳动教育品牌化建设中，我们选择了"生物美食"，以融合美育来创新劳育，发挥其最大的育人效果。

创造"美"的食品

美不仅可以被发现，还可以被创造。苏联著名作家高尔基说："我们世界上最美好的东西，都是由劳动、由人的聪明的手创造出来的。"在"生物美食"劳动教育课程的实施过程中，组织学生亲手制作美食是最核心的课程内容。在许多人的心中，最美味、最难忘、最温暖的美食莫过于家人亲手制作的美食。我们的学生长大成人后，终究是要成家的，要制作属于自家味道的美食。"生物美食"劳育校本课程的开设为学生创造了条件，让他们可以在校内学习美食制作技巧。我们曾开展主题为"当食用色素与发酵技术相遇"的趣味美食活动，引导学生运用所学过的生物知识和对生命之美的体验感受，对所选食材进行创意加工。他们从紫薯、西红柿、南瓜、火龙果、菜心等食材提取多种植物色素，并应用发酵技术，制作了各式各样的彩色包点。这些包点造型独特，形象生动，俨然一个个艺术品。

品尝"美"的味道

"美是有味道的，就看你能否品尝到"。这也就是说，学生不仅需要发现和创造美，而且要懂得品尝美，这样才能真正体验到美的滋味、美的魅力。在"生物美食"劳动课堂上，当手工包点新鲜出炉时，学生就像刚飞出笼子的小鸟一样，或欢呼，或惊叫，每个人的脸上都洋溢着劳动后如秋天般丰收的喜悦。这不正是教育至美的景象吗？沐浴此景中的师生不正品尝着教育之美吗？不正享受劳动之美吗？看着自己做的美食热腾腾，不少学生早已垂涎三尺，但我们没有马上让学生品尝，而是对这些美食进行现场展示，先用眼睛、用精神品尝一次。等学生的食欲被彻底点燃后，才允许他们开始品尝、品味。看着学生在欢笑中吃得津津有味的样子，就可以知道他们已品尝到劳动的"美"滋味。

传递"美"的气息

教育是发现美和传递美的事业，劳动教育也应如此。在学生在"生物美食"劳动教育校本课程中发现美、创造美和品尝美后，我们会结合学校教育教学工作的实际，让学生制作成宣传板报、班级墙报、班刊或级刊等，便于在校内外进行交流，让美的发现、美的设计、美的食品、美的体会凝成一股美的气息。遇到学校教育教学开放日、家长会、社团日等活动时，我们还会组织美食分享会，主要由参加"生物美食"劳动教育校本课程学习的学生进行展示。尤其是在家长会上，班级美食分享活动的场面特别温馨、感人，家长的眼睛里闪烁着泪花，脸上却挂满了幸福。

践行"美"的行为

教育不但应当培养学生对劳动的尊敬和热爱，还必须培养学生劳动的习惯。我们之所以开设"生物美食"劳动教育校本课程，就是为了组织学生通过发现美食、制作美食、分享美食等活动，让他们更好地感受劳动所带来的乐趣、情趣、美趣，领悟劳动的真正内涵和意义，从而认同并践行"劳动的人是最美丽、最可爱、最可敬的人，是行为最闪亮、思想最富有、精神最富足的人，是最懂得幸福、最易获得幸福、最会享受幸福的人"。这就是我们基于"诚真教育"思想和核心素养下要培养的"至善至美"的人。这样的人，热爱劳动，终身劳动，以劳动为乐，以劳动为荣，以劳动为美；这样的人，以劳动为钥匙，以劳动为梯子，以劳动为渡轮，打开美好生活之大门，登攀美好事业之高山，迈向美好未来之彼岸。

综合实践活动课程校本化的实施策略

——以岭南师范学院附属中学为例

综合实践活动课程是一种基于学生的直接经验，密切联系学生自身生活和社会生活，体现对知识的综合运用的课程。教育部颁布的《基础教育课程改革纲要（试行）》明确规定综合实践活动是必修课程的地位，其重要性不言而喻。任何一门课程实施的成败，关键都在于落实。然而，综合实践活动这门课程没有现成的教材和统一的教学内容作依托，也没有固定的上课地点可以耕耘，更没有固定的教学方式能够参考。对学校、对教师、对学生，这都是挑战。面对挑战，我认为把综合实践活动归到校本课程这个层面来"具体问题具体分析"是实现综合实践活动可持续发展的有效做法。

高度重视，用制度保证

在综合实践活动课程的实施过程中，首先，学校领导要高度重视。我所任教的学校从2004年秋季开始就开设综合实践活动课程，学校领导主动学习相关文件，亲自指导和监督综合实践活动的开展，其中主管教学的副校长带头开展研究性学习，教导处主任负责督导各年级研究性学习小组开展活动，德育处主任和团委书记则兼任社会实践、社区服务活动的组织工作。有领导的大力支持，一线教师的热情自然高涨，参与研究和实施课程就更有信心。为了落实好新课程，发挥出湛江市实施新课程领头羊的作用，学校领导和教师上下齐心，一起研讨制订了"岭南师范学院附属中学'研究性学习课程'实施方案（试行）"和"岭南师范学院附属中学社会实践与社区服务实施方案"。这两个方案在课程内容与结构、组织与实施和学习评价方面做了详细的规定，这样让"无案可依"的综合实践活动课程变成了"有度可按"的综合实践活动课程，从而保证了综合实践活动课程的有效实施。

大胆创新，建设学科化

虽然综合实践活动课程在课程性质上不属于学科课程，但学校在参照"广东省综合实践活动教学指导意见"的基础上，结合学校的实际情况，大胆创新，对综合实践活动进行学科化建设，设立综合实践活动科组。

综合实践活动的科组长由学校行政领导根据业绩、能力等方面聘任教师担任。科组的成员教师分为常务指导教师和临时指导教师，常务指导教师是教导处主任（副主任）、德育处主任、团委书记、年级组长、班主任、理论课指导教师；临时指导教师是其他学科教师、家长义工、实践基地或社区负责人等。常务指导教师由学校行政领导直接聘任，而临时指导教师则根据学生课题组所聘请的指导教师组成。每学期，科组长制定好综合实践活动课程的学科计划，为各年级提供参考的研究主题。级长和班长在征求学生的基础上，选好本级本班的课题，然后指导教师指导好各小组学生从不同的角度进行研究。每一个年级一般研究同一个大主题，然后每个班级研讨一个小主题，各研究小组探究一个小课题。

教师是课程改革和实施的最终执行者，在课程改革和实施中起着至关重要的作用。新课程倡导的理念与教学行为，只有转化为他们的思想和行动，新课程改革才能取得实效。为了保证师资力量，学校定期组织所有指导教师开展校本研修活动，学习相关理论知识，研讨指导过程中遇到的问题和困惑，用集体的智慧将综合实践活动开展得轰轰烈烈。

与时俱进，管理课程化

综合实践活动课程不属于传统意义上的综合课程。它是一种以学生的经验与生活为核心的综合性和实践性课程，立足于学生的直接经验，回归学生的生活世界，具有综合性、实践性和生成性的特点，是活动课程的一种特殊的表现形态，与学科课程和知识类综合课程一起构成现行基础教育课程体系。所以，在综合实践活动课程的管理上，学校采取课程式管理，把它纳入学校常规教学中，平均每周安排3课时，每学期期中和期末各进行一次教学检查，每学年对学生的作品和指导教师进行评比和奖励。目前，学校已经形成了"教导处—指导教师—研究性学习小组长—学生""德育处/团委—年级组长—班主任—社会实践/社区服务负责人—学生"等课程管理模式。同时，学校制定了比较固定的课程开发计划表，从而保障了综合实践活动课程有条不紊地开展。

发掘资源，可持续开展

课程的改革与发展需要教师广泛地利用各种课程资源，在实践中不断开发和丰富课程资源。学校教师放眼本地校外资源，相继建立一批学工、学农、军民共建、警民共建社会实践基地，如湛江湖光岩自然保护区研究基地、南亚热带植物研究所基地、遂溪国家级桉树种苗种植基地、湛江红树林自然保护区研究基地、东坡岭荔枝园社会实践基地、湛江市中小学德育基地、湛江市中学国防军训基地、寸金桥公园植物研究基地、寸金社区社会服务基地等。

此外，教师还利用学校资源优势，开发校本资源，各学科相继组成研究性学习兴趣小组，学生纷纷成立各球类俱乐部、艺术兴趣小组等。如赤坎水库水质保护研究小组、湖光岩生物多样性研究小组、雷州石狗文化研究小组、中华白鳍豚研究小组、东海岛人龙舞研究小组、排球俱乐部、足球俱乐部、漫画社、爱心社、环境保护宣传队、天文兴趣小组等。

目前，学校坚持每天一小时体育运动、每周一次"影视欣赏"、每月一次"文学与人生"讲座、每学期一次"兴趣大展示"、每年一届文化艺术节等活动，构成了校园文化一道道亮丽的风景线。师生课外活动内容不断得到拓展，综合实践活动课教学得到了有效的组织与开展，大大丰富了学生的生活，扩大了学生的视野，发展了学生的个性，同时也锻炼了学生的能力。

关注过程，评价多样化

课程评价是实施综合实践活动和实现综合实践活动可持续发展的一个重要环节，影响着实施的方向、质量，以及课程培养目标的实现。课程改革倡导"立足过程，促进发展"的课程评价。在综合实践活动课程的评价过程中，学校坚持科学发展观，采取"过程＋成果"的评价模式，制定了具体的评价要求、原则和形式。

评价要求：评价遵循学生身心发展特点，紧扣课程目标，评价的重点在于考查学生的发展，注重评价学生学习过程中的体验、态度、情感、价值观，关注成果但不过分强调成果的科学性和合理性。

评价原则：综合实践活动课程的评价遵循以促进学生个性发展为重点，以学生自我评价为主的原则、过程性原则、生成性原则和体验分享的原则。

评价形式：①自我反思性评价，主要是学生表现与收获、态度、知识、能力、情感等要素，实行自评、小组评与综合评相结合的形式。②档案袋评价，建立学生综合实践活动档案袋，搜集保存活动的原始材料和活动作品。③学分制评价，其中研究性学习15学分，社区服务2学分,社会实践6学分。④成果评价,成果分为实践性成果(如网上收集、图书查阅资料、现场考察、对话访谈等原始资料)和创造性成果(如观察日记、设计、制作、报告、论文等)。

第四辑

读懂教学：
掌握立教的本领

"教学的目的是培养学生自我学习，自我研究，用自我的头脑来想，用自我的眼睛看，用自我的手来做这种精神。"

——郭沫若

微谈教学

要胜任教师的专业工作,学会教学不仅是职业要求,而且是专业需要。教学是教师的教与学生的学的统一活动,通过这个交往过程和活动,学生形成一定的能力与态度,人格获得一定的发展。其实,学生在教学中收获成长和发展,教师何尝不也在教学过程中收获成长和发展?"教学相长"才是教学最美、最真的姿态。

教学是经过预设的一种师生共同经历和创造的过程,是对课程进行二次开发而生成的过程。这就意味着,教学的过程不是"背教案"的过程,不是"填鸭式"的灌输过程,而是教学设计在具体教学情境中的再造过程。在这个过程中,教师是教的主体,学生是学的主体,师生共同创生课程教学,都是课程教学的参与者和构建者。因此,课堂教学既不是"以教师为中心",又不是"以学生为中心",应是"以学习为中心",让教师和学生都能发挥各自的主体作用,从而使彼此的生命都能在教学的过程中实现幸福成长。

然而,当前不少教师认为,在教学过程中,教师是主导,学生是主体。过去的我也曾经这么认为,直到拜读了华东师范大学张华教授的著作《课程与教学论》,再结合岭南师范学院附属中学开展的"双主体教学"教改实验,才形成了今天的看法。张华教授在书中提出:"当教师在教学过程中的主导地位得以确立并发挥主导作用的时候,学生这个'主体'是被人(教师)主导的,学生的主体地位就无法得到真正体现。反过来,当学生的主体地位真正确立起来时,教师又如何能够'主导'?"读罢,我似乎有一种豁然开朗的感觉,突然明白了在教学过程中,师生彼此之间是主体与主体的关系,在人格上绝对平等,在相处上要相互尊重,如尊重个体之差异和选择之权利,尊重人格之独立和品性之独特。

  德国教育家第斯多惠说:"教学的艺术不在于传授的本领,而在于激励、唤醒和鼓舞。"不过,教学不但需要艺术和科学,而且需要学科知识和学科教学知识,还需要一定的技巧和方法。教学的过程自带教育性,需要科学性,注重艺术性,凸显生成性。教学的教育性,意味着教学育人的根本使命;教学的科学性,意味着教学要遵循教学的本质规律和人的身心发展规律;教学的艺术性,意味着教学的生命在于创造;教学的生成性,意味着教学是基于具体教学情境的动态的主体构建过程。东北师范大学柳海民教授说:"情境之于教学内容,就如同盐与汤、咖啡与水、骨骼与血肉的关系。情境的价值在于激发学习热情,唤起求知欲望。情境既是直观的方式,又是理解的桥梁。"

  对于教师特别是年轻教师而言,在教学上,首先需要夯实自己的学科专业知识和学科教学知识。然后,在实践中磨炼教学技巧、探索教学方法、修炼教学艺术、提炼教学理念和锤炼教学思想。换言之,教师应先掌握"教会"之术,而后领悟"会教"之道,最后达到"好"(包括 hǎo 和 hào)教之境界。

  "教什么""怎样教"和"为什么教"是学科教学的三个根本性问题,而"教什么"是"怎样教"的前提。那么,学科教师究竟教什么?

  首先,学科教师教的基本内容是"学科知识"。在学科知识上的优势决定了学科教师的职业角色和从事的学科教学,所以,在内容上,学科教师"教"学科知识是最基本的职业要求,也是最基本的教学内容。但是,这里的"教"不是把学科知识"灌输"给学生,不是让学生"记得"或"学会"学科知识,而是借助学科知识"教化"学生"会学"和"乐学",并发现学科知识中所蕴含的"丰富营养",从而提高他们的能力、悟性和修为。

其次，学科教师教的重点内容是"学科思想"。学科教学最重要的不是学科知识，而是学科思想，特别是学科思维和学科方法。人类区别于其他动物最关键的是人的思想，思想是人的灵魂，人因思想而伟大。法国思想家帕斯卡尔说："人是一支有思想的芦苇。"学科思想被认为是"学科教学的精髓和灵魂"。所以，学科教师最重要的是帮助学生形成学科思想（包括学科思维和方法），如生物学的进化思想、数学的数形转化思想、物理的模型思想等。

最后，学科教师教的对象都是"具有生命力的人"。在教学对象上，无论是哪个学科的教师，所教的对象都是学生，都是散发生命力的人。当代教育家顾明远先生说："教育的本质是促进人的发展，是通过传承文化、创新知识的过程促进人的发展，把一个属于生物的人培养成社会的人。"所以学科教育指向的核心都是"育人"，即"立德树人"。在这点上，学科之间没有差别，学科教师之间的关系不是竞争，更不是排斥，而是合作。因此，学科教师要跨越学科的藩篱，共同为帮助学生的生命成长和个性发展提供适合的学科教育。

总之，学科教师在教育教学中要从"学科知识本位"走向"学科思想本位"，更要转向"育人为本"的思想觉悟和专业觉醒，只有这样，我们教师才能肩负起"提高教育质量"和落实"核心素养"的重任。

教学的"四重"境界

哲学大师冯友兰先生提出,人生有四大境界:一是混沌未开的"自然境界";二是为己为利的"功利境界";三是为人为公的"道德境界";四是天人合一的"天地境界"。教师之为教,同样也存在"四重"境界。

第一重境界是"教会"

从教初期,教师专业成长的核心特征是"适应"。适应期教师"教"的重心是"教会",其内涵有三个:一是将学科知识与技能教会,即教师要掌握"教"的基本要领、"学"的基本要义,理清学科知识的学理、熟练专业技能的操作,并能科学合理地将其阐述或表达出来;二是将学生教会,即学生掌握所教的知识、技能和方法;三是把自己教会,即知晓所教的对象和内容,熟悉从教的基本要求和课堂教学的基本规范。这就表明,处于第一重境界的"教",需要厚实"知"的积累、"能"的提高和"行"的规范。"固其根"以"求木之长","浚其源"以"促流之远"。

第二重境界是"会教"

"会教",又称"善教",意味着教师不但具备了"教会"的知与能,而且彰显"教"的艺术。在专业发展水平上,"会教"的教师属于高水平的教师,专业工作娴熟,教学方法得当,教育技艺高超,育人效果显著。不仅知道教什么、怎么教,而且懂得为什么教。清楚要分别给兔子喂草、给狮子投肉,而不会给狮子喂草,也不会给兔子吃肉,当面对杂食的动物时,懂得讲究荤素搭配,且能根据不同对象的营养需求、口味或饮食习惯,采用合适的烹饪方式。也就是说,"会教"的教师能根据学习内容和不同基础的学生灵活采取适合的方式方法,让学生学得有趣、轻松、高效。这样的教师,学生亲之、信之,且效之。

第三重境界是"慧教"

"慧教"之教,依托教师的教育思想和教学主张,注重从思想层面启发学生,活跃其思维,生成其智慧,使之拥有独立之精神,自由之思想,从而在教学过程中开悟、顿悟并觉悟,进而走向生命的自觉、自律与自强。在"慧教"的场域里,师生的思想是丰盈的,思路是丰富的,思考是深刻的。做到"慧教"的教师,要打破学科专业的"天花板",从全人教育的视域进行规划、从事并深耕教育事业和教学工作;引领学生推倒学科边界的"四面墙",从综合、关联和开阔的视野去认识、理解、改造和创造世界。

第四重境界是"乐教"

这里的"乐",不但指从教前的喜欢与向往,而且指从教后的深度热爱与愉悦。正如教育家第斯多惠所说:"真正的永不消失的教学热情必须建立在对教师职业的热爱上，对教师工作的心驰神往，必须建立在对发展儿童世界事业的热爱的基础上，至于如何教学，那是次要的。""乐教"之教是一种"好为人师""为人好师"和"为人师好"的高度统一；是职业与事业、使命与生命、为教与为人的深度合一。这表明，此境界的教师，其为教是一种幸福体验，其从教是一种精神追求，其立教是一种灵魂皈依；为教是他们"悲天悯人、爱泽众生"的教育情怀和为人处世的一种表达，超越了世俗的功利，是一种"天地人同和"的境界。

读懂教学：掌握立教的本领

在一次教学研讨会上，有的教师认为："教什么比怎样教重要。"有的教师反驳说："怎样教比教什么更重要。"甚至还有的教师提出："为什么教才是最重要的。"彼此各不相让，争论不休。我不禁陷入思考和追问：教学本是一项专业的工作，作为从事这一工作的专业人员，教师理应对教学有深刻的理解，甚至形成相应的专业常识、共识，为什么教师会对"教什么""怎样教""为什么教"这三个教学基本问题的重要性存在争议呢？"教什么""怎样教""为什么教"究竟孰轻孰重？要回答好这个问题，显然不能强词夺理，也不能强辩武断，而应先理清三者的逻辑关系，特别是要先读懂何谓教学。

那么，什么是教学？曾经有教师向生本教育提出者华南师范大学郭思乐教授请教过这个问题。记得当时他回答说："如果你告诉学生,3乘以5等于15,这不是教学。如果你说,3乘以5等于什么?这就有一点是教学了。如果你有胆量说'3乘以5等于14',那就更是教学了。这时候,打瞌睡的孩子睁开了眼睛,玩橡皮泥的学生也不玩了,什么?什么?3乘以5等于14?然后他们就用各种方法,来论证3乘以5等于15而不是14。比如4个3是12,再多加一个3,是15;数一数,5个3是15,等等。"

郭教授这段回答,既形象又生动,让人眼前一亮,如沐春风,让我茅塞顿开,并想起古希腊哲学家苏格拉底的教育名言"教育不是灌输,而是点燃火焰"。用德国教育家第斯多惠的话来说,教学之艺术在于激励、唤醒和鼓舞。由此可见,好的教学不是告诉学生,不是传授的技术方法,而是唤醒学生的好奇,激发他们的求知欲,点燃他们求真的探索。

根据查阅的文献,"教学"一词最先出自《礼记·学记》,文中说:"是故学然后知不足,教然后知困。知不足,然后能自反也;知困,然后能自强也。故曰:教学相长也。"《中国大百科全书·教育》对"教学"定义为"教师的教和学生的学的共同活动。学生在教师有目的、有计划的指导下,积极、主动地掌握系统的文化科学基础知识和技能,发展能力,增强体质,并形成一定的思想品德。"

在我看来,教学是在具体的教学情境中,经过预设的一种师生共同经历和创造的生活,是对课程进行二次开发而生成的过程,旨在促进学生实现全面发展和个性化成长。这就决定了教学具有教育性、生活性、预设性、生成性、科学性和艺术性。教学的教育性,旨在教学育人;教学的生活性,趣在追求幸福;教学的预设性,精在设计规范;教学的生成性,悦在生动;教学的科学性,贵在求真;教学的艺术性,美在创新。

有了上述对教学的基本认知,教师再来看"教什么""怎样教""为什么教"这三个问题时,可能就会清晰明朗很多。

"教什么"是内容问题,回答的是教学内容;"怎样教"是方法问题,回答的是教学方法;"为什么教"是目标问题,回答的是教学方向。教学目标(方向)决定教学内容,教学内容决定教学方法。如果要论重要性,是方向重要?还是方法重要?或者是内容重要?古代"南辕北辙"的故事早就给出了明确的答案,"方向比努力更重要"。

就教学来说,只有清楚"为什么教",才能更好地知道"教什么";只有知道"教什么",才能更好地选择"怎样教"。譬如,人们吃东西,如果是为了填饱肚子(获得生命活动需要的营养和能量),那么可以吃米饭或喝粥,也可以吃饺子或云吞,还可以吃面条或面包……怎样吃?用什么吃?吃多少?和谁吃?这些问题则要因食物、吃者和场所条件等不同而异。若是为了解渴,那么就要喝水,至于喝温开水还是凉水,淡盐水还是矿泉水;是用瓶子喝还是口盅喝,是用碗喝或吸管吸,则应根据实际需要、个人喜好和拥有条件而定。如果是为了治疗疾病,那么有时还得吃药,甚至打针。如果你只是为了解渴或填饱肚子,那么你就没有必要吃药,更没有必要打针。所以,教师在教书育人的道路上,不仅要知道"教什么"和"怎么教",还需要清楚"为什么教"。

此外,教师还要明晰"教到什么程度"。这个"度"的把握,既要基于课程标准,又要基于教学内容,还要基于具体学情(包括学生和学校的实际情况)。当学生的胃口好(消化和吸收能力增强)时,可适当多吃点,但也要防止暴饮暴食;当学生的胃口不好(消化或吸收能力减弱)时,就应适当减少难以消化和吸收等内容的量。

总之,教育要实现高质量发展,离不开精准教学。教师胜任精准教学需要精通教学,而精通教学的前提是读懂教学。读懂教学是教师胜任教学工作的基础,教师要掌握这一立教本领。

好教学的生命脉象

什么样的教学是好教学？好教学不仅能使学生自主、自由、自然地成长，而且能使学生成为"己善，且与人为善"的人，乃至成长为有理想、有追求、有信仰的人。要做到这样的教学，须具备以下四种生命脉象。

凸显生成性

华东师范大学钟启泉教授说："从生命的高度来看，每一节课都是不可重复的激情与智慧综合生成的过程。"这就意味着，好教学在过程上，是教学设计在具体的教学情境中由师生相互辉映而再造的生成过程，其内涵有四：一是指课堂教学活动本身是"动态生成"的；二是指学生对学习内容"内化生成"新的知识和新的认知；三是师生在分析、解决问题的过程中"重新生成"新的问题；四是在教与学的互动中师生"深化生成"新的思想观念或生命智慧。

遵循规律性

好的教学要遵循教学的本质规律、学习的发生规律和人的身心发展规律。教学、学习、人，三者都是教师需要学习和研究的对象，这是通往好教学的必由之路。对理论的学习、对原理的探究、对生命的探寻、对规律的探知，不应只是高校专家或学者的"专利"，也是广大中小学教师和学前教师的"必修课"。当然，原理或规律都有其适切性。所以，教师要营造好教学，须依循"因地制宜""因人而异""因材施教""因时而变"的方法论而"以变应变"，即依规按律地开展教学。

充满教育性

育人不但是教学的根本使命，而且是教学的根本价值。佐藤正夫在《教学论原理》一书中说，教学的过程也是教育的过程。杭州师范大学张华教授曾指出，教学永远具有教育性，即教学过程不是一个价值中立的过程，学生在此过程中不仅掌握知识、发展能力，而且会形成和改变思想品德和价值观念。我赞同这一观点，并认为好的教学是教师借助学科知识、学科技能、学科活动、学科思想、学科文化和学科生活的力量，在用知识更新知识的同时，用技能培育技能，用活动淬炼成长，用思想生发思想，用文化修炼心灵，用生活滋养情感，从而成就一个个人格健全、德才兼备的人。

流露艺术性

全国优秀教师郑英老师说："教育是向美而生的。"我想，好的教学也应是向美的而不是向丑的，是生动的而不是枯燥的，是高雅的而不是平庸的。走进李吉林老师的情境教学、华应龙老师的化错教学，以及同事们的情思教学、创意教学和生本教学，我发现他们的教学都有一个共性：美如艺术。何谓美如艺术的教学？在教学语言上，亲切而亲近，悦耳而悦心，如诗又如画；在教学活动上，匠心运作，环环相扣，引人入胜；在问题解惑上，举重若轻，巧方妙法，深入浅出；在思想交流上，平等对话，情思相融，求同存异；在教学策略上，以心灵为耕地，以情感为肥水，以思维为种子；在教学反馈上，点灯亮心，扬善育善，正能赋能。

好教学要"三思"而行

教育改革成功的秘诀、课堂革命胜利的法宝、未来人才涌现的堤口，都藏种在好教学的沃壤里。那么，教师如何开垦好教学的沃壤？在我看来，好教学要"三思"而行。

明"思想"

思想是行动的指南，没有思想上的明白，就没有教学上的明晓。好的教学既要明现行课程标准的育人思想又要明现用教材的编写思想，既要明所教学生的思想状况和特征又要明教师自身的教学思想、主张或主见。同时，教师要融合上述思想，使之合调合拍。要做到"明思想"，教师要研读课程标准和教材内容，明晰教学的育人要求和目标，清楚教学的素材，把准教学的难度、广度和深度；教师要研究学生，了解其思想动态，掌握其"最近发展区"、成长所需和学习方式所好，以及要抵达的地方。要创造好教学，教师应深谙教学之原理和规律，遵循正确的教学原则，形成观点鲜明的教学见解或主张，并应用到具体的教学中去。

清"思路"

教学是有目的、有计划、有组织、有设计、有流程的师生互动的活动。这种活动是经过预设后在真实情境中再生成的过程，包括"从什么地方出发""在怎样的环境条件之下，什么人，如何一步一步往前走""多少时间到达要前往的地方"等各个环节。无论是设计教学还是实施教学，好的教学都要教师理清思路，做到胸有成竹，运筹帷幄，才能顺利抵达彼岸。如果思路不清，那么教师如何设计教学？如何有条不紊地组织教学？在这样的情况下，简单问题可能会变复杂，教学则容易变得混乱而缺乏条理。此时此景的教师可能也是"痛苦"的，而学生更是"煎熬"的。这就表明，好教学的思路是清晰的，有利于促进学生在预定的时间里完成学习目标，收获成长。

重"思维"

教育学家顾明远指出，从教到学的转变，培养学生思维是关键，而培养学生思维，要从课堂教学入手。纵观名师、名家和身边好教师的教学，就可以发现一个共同的特征，他们无不重视对学生思维的培养。教师如何开展"重思维"的课堂教学？我认为，这样的教学，可热闹也可安静，可自主学习也可小组学习，但都应给予学生充分的时间进行独立思考和集体思辨，并为思考设指引，为思辨建平台，让学生在反思、推理、演绎、质疑、探究、论证、验证等过程的真实经历中，能像科学家一样思考、能如辩论家一样思辨，从而不断锤炼其思维的敏捷度和敏锐度。

好教学成就三种"心境"

教学是学校教育的中心工作,关乎学校的教育质量,更关乎学生的成长。好的教学即好的教育,好的教育培育好的人才。那么,好的教学是什么样子的?在我看来,好的教学至少要让学生相遇三种"心境"。

"心花怒放"

"怒放"的"心花"就是"绽放"的"花朵",即自主、自由、自然地成长的人。自主是生命成长的属性,外界因素虽然可以影响成长,但是绝对替代不了成长。换言之,教师虽然可以影响学生的学习,但是无法取代学生的学习。北京师范大学石中英教授说:"自由是作为人存在的基本规定性,是人作为真正意义上的人而存在的一个必要条件。简而言之,自由是人的本性。自由是不可剥夺、出卖或让渡的。"自然则是学生生命个体可以依循各自的成长方式、成长节律和成长规律,在适合的环境中成长。所以,好的教学要根植于人的自然本性和本然的成长规律,唤醒学生的生命自觉,点燃学生的生命自律,激发学生的生命自主发展,使每个学生个体都可以在适宜的教学环境中绽放生命而不负芳华,实现全面发展和个性化成长,从而相遇"心花怒放"的自己。

"心有芳香"

"有芳香"的"心"就是"己善,且与人为善"的人。"善"是一种心态、一种能力、一种行为、一种使命、一种信念。人民教育家陶行知先生在《师范生应有之观念》一文中说:"教育能改良个人之天性。人之性情有善有恶,教育能使恶者变善,善者益善。"所以,好的教学就是教人变好、变善或变更好、变更善的教学。也就是说,好教学要帮助学生相遇"善"的改变,使学生形成"善根"和"善念",成为"善"的拥有者、发现者、实践者和传递者,并能各善其善,"各美其美,美人之美,美美与共"。正如《孔子家语》中所言,与善人居,如入芝兰之室,久而自芳也。因此,教师应自带"善"的阳光,为善且善为,在教学中做到"有教无类"和"因材施教","心之芳香"将随之而来。

"心向远方"

"向远方"就是说人要有理想、有追求、有信仰。诗人流沙河的《理想》告诉我们:"理想是石,敲出星星之火;理想是火,点燃熄灭的灯;理想是灯,照亮前行的路;理想是路,引你走向黎明。"法国哲学家萨特说:"世界上有两样东西是亘古不变的,一是高悬在我们头顶上的日月星辰,一是深藏在每个人心底的高贵信仰。"好教学不仅要引导学生理性地看待历史的昨天和过好今天,而且更要帮助学生创造更加美好的未来。这就意味着,好的教学要为学生的未来学习和生活积蓄好生命成长的力量,使之形成自己所执着的信念和向往的追求,从而拥有良好的成长态势和持续成长的能力。好的教学既要服务好学生眼下的成长,又要"指向远方",使学生明确自己前行的方向和生发远航的力量。

好课堂的四种气象

课堂是课程与教学的实践基地，是教育发生的场所，是实现教师和学生教学相长的地方。因此，教师从未停止对好课堂的探寻和耕耘。以学科核心素养为价值导向和落脚点的课堂，应凸显"育人为本"的教育立场和价值追求。教育部前部长陈宝生提出："课堂是教育发展的核心地带，只有抓住课堂这个核心地带，教育才能真正发展。"那么好课堂应有哪些气象？

既发挥又发现

发挥的课堂，是指教师的"教"和学生的"学"都得到尽情的发挥。这样的课堂，注重"以学生为中心"，摒弃"以教师为中心"。在发挥的课堂里，根据学习的目标、内容和分工，师生都有各自的"任务"，通过共同努力，学习得以高效完成。发现的课堂，其意蕴主要有二：一是教师发现学生的兴趣、优势和潜能及在学习上的闪光点、疑难点和困惑处；二是学生发现学习的规律、乐趣和价值，同时发现教师的"光泽"和自己的"光亮"，找到属于自己生命成长的道路。

既有味又有料

课堂教学需要师生彼此共同经历、共同经营，好的课堂是有味的、有料的。如果把好课堂比作一道美食，那么让人回味无穷的就是其独特的味道及食材。教师和学生都是厨师，也是品尝这道美食的顾客。换言之，好课堂里没有旁观者，人人都是参与者，共同决定课堂的味道。这味道，于教师，是教学风格；于学生，是学习风气。有料的课堂是教学内容和教学资源高度优化的优质课堂，是深度学习和深度教育相互交融、相互辉映的高品质课堂，是可以习得真知、感悟真理和收获真情的智慧课堂。

既生动又生长

课堂教学是"教"与"学"相伴而行的过程，这就决定了课堂教学具有"生成"的特点。不论于教师还是于学生，生动的生成能产生如磁铁般的吸引力，使在"磁场"中的人都能产生"多巴胺"等快乐因子，从而化解彼此的辛劳和辛苦，发现课堂学习带来的光亮和滋养，故好课堂需要有生动的生成。生成于生命即意味着生长，生长是教育的目的，也是好课堂追求的宗旨。在好的课堂中，教师需依据学生当下生命生长的状态和差异，遵循生命成长的内在规律，让学生乃至自己都可以按照生命的特性而自主、自由、自然地生长，使彼此都能遇见最好的自己。

既立德又立志

教育不仅是民生，更是国家战略，立国先立人。在目的上，教育即立人。立人先立德，立人重立志。明代大儒王阳明先生说："故立志者，为学之心也；为学者，立志之事也。"可见，好课堂的根本价值在于立人，在于通过立德、立志而立人。教师一方面要坚守"育人先育己，育己先立德"的教育信念，秉行"以德育德，以人育人"的教育哲学；另一方面要帮助学生在课堂学习中找到志趣及志向，成为做知行合一、灵肉合体、情理合调的人格健全的人。这样的人，也是有家国情怀、理想信念和责任担当的、顶天立地的人。

好课堂要根植"四境"

课堂是学校教育的主阵地，是教师落实立德树人教育目标的主战场，是教育改革的核心地带，是人才培养的主渠道，既关系着学校办学质量和师生的成长，又关系着国家和民族的未来与发展。诚然，好教育需要好教师，好教师创造好课堂，好课堂培养好人才，好人才建设好社会。课堂革命的追求无非是打造好课堂。

知识之蕴境

课堂教学最基本的功能是让学生习得新知识，这里的"习得"不仅是对知识的记忆、理解和掌握，更重要的是认识到知识都不是枯燥无味、冷冰冰的，而是蕴含着许多"温热"的故事和探索的历程。比如，DNA双螺旋分子结构相关知识的背后就记录着美国生物学家沃森和英国物理学家克里克等人的感人故事和科学探索的过程。教师要引领学生挖掘和汲取知识背后的"丰富的营养"，使其在"被教化"中对知识产生敬畏之情，从而爱上学习、主动学习知识，不断拓展自己的知识面，增强对知识的理解和感悟，从中提升能力、悟性和修为。

生活之现境

课堂实质上是师生一起经历、共同达成课程目标的生活现场，好课堂不仅要立足这一实质，而且要据此进行教学。陶行知先生说："没有生活做中心的教育是死教育。没有生活做中心的学校是死学校。没有生活做中心的书本是死书本。"可见，好课堂要以生活为中心，要以生活为旨趣，根植师生正在经历的现实生活和曾经有过的生活经验，指向师生各自未来的生活。所以，在思路上，好的课堂教学要深深扎根于现实生活，深度融入现实生活，最大限度地服务于现实生活；在方法上，好的课堂教学要生活化，要依托当地、本校学生的生活方式、生活习惯、生活事件，使学生更加关注自身生活，能够在生活中做到学以致用，并通过课堂学习改善生活，提高生活质量。

教学之情境

教学情境是指教师在教学过程中为了激发学生的学习兴趣、热情和动力而创设的情感氛围，具有问题性、情感性、生活性、形象性和学科性。现代心理学研究结果表明，学生对学习内容的认知和学习，与其发生的情境有着密切的关系。也就是说，好的课堂教学发生于好的教学情境。这就需要教师结合具体的教学内容和实际生活，创设利于激发学生自觉思考和主动解决问题的真实情境。

师生之心境

好课堂不是"教师台上演，学生台下看"的独角戏，也不是"表面热闹,实际冷清"的走秀课,而是"台上台下的心境合一,内外活动的心率合频"的,有趣、有效、有意义、有意思的真实的课。这样的课,需要建立良好的师生关系和宽松的学习环境,需要师生共同营造和认同的课堂文化场,使学生在自学、交流、合作、探究、讨论、展示、质疑、追问、争辩等真实的学习过程中,震撼心灵,使得个性得以张扬,智慧得以开启,人格得以健全,素养得以形成。

总之,好课堂从心为始,以心为终。"心花怒放,心有芳香,心向远方"就是好课堂最核心的要义。

好的教学目标"适"在哪儿

教学是以课堂为主阵地、有明确目标的师生活动。美国教育心理学家布鲁姆说:"目标是预期的教学结果,有效的教学始于准确地知道希望达到的目标是什么。"诚然,好的教学目标既不能过高,也不能过低。俗话说得好,适合的才是最好的。所以,在我看来,好的教学目标要适人、适量、适时和适境。

适人

教学目标是教学的导向,是行为主体"要到哪里"的问题。从过去的"双基"到"三维",再到当前的"核心素养",教学目标越来越指向"完整的人"。但是,教学目标也应指向"人的完整",即教学目标中行为主体的完整。显然，教学活动的行为主体包括"教"的主体和"学"的主体。所以，完整的教学目标，不能仅仅考虑"学"的目标，而且要考量"教"的目标。换言之，教师不仅要设置适合学生"学"的目标，而且不能忘了或忽略了自己"教"的目标。

毋庸置疑，教学在成就学生发展的同时，不能以停滞或牺牲教师的成长为代价，否则就会阻碍教学的再生成和新教学目标的达成。如果教师没有在教学上收获成长，那么教师就难以推动教育的发展和落实好课程的实施。在教学目标上，只有"学"和"教"的目标共同达到，实现师生的教学相长的教学，才是真正的好的有效教学。教师在用心地成长学生的同时，也要在教学上用力地发展自己。

所以，好的教学目标要做到"教""学"双适。所谓"教""学"双适，指的是既适合教师又适合学生，即好的教学目标要适人。适人，既指适合当前的人，又包括适合未来的人。这就意味着，教学目标既要立足师生的"最近发展区"，又要指向他们的"未来发展区"。

适量

教学目标可以有多个，但在有限的时间、空间、资源、能力和精力等条件下，控制好数量显得尤为必要。如果目标过多、过泛，那么无论是对学生还是对教师，都会感到有压力，甚至根本无法在原定的时间里去完成。目标适量，体现的是一种以人为本的思想和关怀，是教学散发人性温度的生动表征，不仅可以让人学有所向，而且不为学所累。唯有这样，教学场域中的生命才能自由自在地翱翔，才能自然自主地舒张出生命的芳华，才不会因为追求目标而错过路上的风景。实际上，教学中最旖旎的风光往往不在结果上，而在过程中。

那么，教学目标怎样才能做到适量？量的多少，无疑要因人而异，甚至要因时而异，因为不同时刻或不同的人，对量的需求不同。例如，每当碰到学生刚上完体育课，我都会适当地调整教学目标，减少目标的量，让他们可以歇一歇，而不是一味带着他们去奔跑。这样做的目的，是想让他们可以有时间平静下心情，并有心情擦拭下额头上的汗，甚至可以轻轻松松地喝口水或扇扇凉。

适时

何谓适时？其意蕴有三：一是适应时代；二是适合时段；三是适契时机。这表明，适时的教学目标不但要紧贴时代的脉搏，而且要吻合具体的学段和课时，还要抓住各种教育契机。譬如，任教初中学段的教师，不仅要教会学生会学相应的学科知识和技能，以及习得相关的核心素养，而且要指导学生读懂新冠肺炎这场重大战"疫"的教训和启发，还应教导他们认识并顺利渡过自己的青春期，为健康的生活、心理成长和人生发展打下坚实的基础。

如果教学目标要做到更精准，那么教师应根据学校的课程和课时的安排，对本学期或本学年的模块教学和单元教学目标进行统筹规划，使每节课的教学目标除在行为主体和量上适合外，也契合对应课时的节点。这是值得研究并有待探索的课题。

适境

人，不仅生活在不同的环境，而且具有不同的心境。教学在本质上是在特定的生活环境中，基于具体的教学情境，促进具有不同心境的人的学习和发展的主体构建过程，属于一种动态生成的生命活动。

构建主义理论认为，知识不是通过教师传授得到的，而是学习者在一定的情境下，借助别人的帮助，利用必要的学习材料，通过意义建构的方式获得的。在心理学上，学习者对学习内容的认知、领会和应用，都与其发生的情境有着密切的关联，同时与学习者的学习情绪（即当时的心情和心境）有着莫大的关系。情境的价值在于激发学习热情，唤起求知欲望。情境既是直观的方式，又是理解的桥梁。

所以，好的教学目标既要适合具体的教学情境，又要适合师生的心境及其所生活的环境。

好的课堂教学"根"扎何地

好的课堂教学犹如一棵庇荫众生的大树，既能给人的心灵以诗意的栖居，又能给人的成长以远方的企望。唐代张说在《起义堂颂》中说："源浚者流长，根深者叶茂。"也就是说，大树之繁茂生长离不开深扎其根。那么，好的课堂教学要"根"扎何地？

知识之地

知识是人类认识世界和改造世界的成果，能促进人们更好地认识世界、改造世界和创造世界。比如人们只有掌握了鸡蛋的有关知识，才能实现鸡蛋的人工孵化；人类只有知道了新冠病毒等相关知识，才能更科学地防控疫情。

就学科而言，学科知识是形成学科概念的基础，是学科思维形成与发展的必要条件，是学科思想必须依托的前提。这就说明，好的课堂教学要厚植知识的底子。

对学生来说，知识既有新旧、难易和真伪之分，又有陈述性知识、程序性知识和策略性知识之别。所以，好的课堂教学要引导学生做好旧知识的更新、新旧知识的衔接、真伪知识的识别，以及科学知识体系的构建及运用，并从中不断提升自己的德性、悟性和修为。

情感之地

人都是有情感的生命，而情感是跃动的生命音符，是心灵的琴弦，连接着人的"七情六欲"。如果恰当地拨动或叩开，那么这生命之音符、心灵之琴弦就能在相互的碰击中，奏出动人的生命旋律。

好的课堂教学要实现"育人"的根本宗旨，无疑需要坚守扎根"情感之地"，以让课堂教学中的学习者在提高智商的同时，也能提升情商，甚至修炼逆商，从而使之更好地掌握和驾驭为人处世之道，进而践行"落红不是无情物，化作春泥更护花"的立世哲学。

课堂教学怎样扎根情感？我认为，一方面教师不仅要将心比心、以心唤情，还要融情合情、借情生爱；另一方面，教师在课堂教学中要注重涵润学生情感，使他们在经历"入情""动情""移情""悟情"和"抒情"中成长。

思维之地

思维是思考的脉搏，是思路的脉络，是思想的脉象。用当代教育名家顾明远先生的话来说，教育的本质在某种意义上来讲就是培养学生的思维，培养学生思维的改变，而培养思维的最好的场所是课堂。

好的课堂教学要稳扎"思维之地"，以拓宽学生思考的角度、广度和深度，并活跃和"敏锐"他们的思维能力，使之在分析问题和解决问题时能找到合乎逻辑及现实的清晰的思路，甚至形成具有独特见解的思想。

要做到这样的课堂，教学要由问题串组成；教师设计的问题要有难度、梯度和向度，并体现针对性、启发性和探究性；学生思考、质疑、批判、猜想、论证、辩论、反思等是课堂的学习常态，学生的思维得以持续发展。

生活之地

生活既是课堂教学的场域和情境，又是课堂教学的资源和"教材"。人民教育家陶行知先生说："没有生活做中心的教育是死教育。没有生活做中心的学校是死学校。没有生活做中心的书本是死书本。"所以，好的课堂教学要回归生活，以其真实之情境进行立德树人。

实质上教学就是一种生活，一种师生当下共同经历和经营的真实生活，并指向彼此更好的未来生活。这就决定了教学的出发点和落脚点都是生活。换言之，好的课堂教学要深深扎根于生活，深度融入于生活，最大限度地服务于生活。

在方法策略上，扎根生活的课堂教学最重要的是要实现课堂教学生活化，即教师要依托本地、本校、本班学生的生活方式和习惯进行教学，使他们学会生活，在生活中做到学以致用，从而改善现有的生活，并提高今后的生活质量。

人文之地

人文在《辞海》中的定义是"人类社会的各种文化现象"，而我的理解是，人文是关于人、重视人和尊重人的文化。毋庸置疑，好的课堂教学要扎根"人文之地"，至诚至真地播种"人文"之花香。

于课堂教学，人文之观照，在这里既指在教学过程中要遵循人的生命成长规律和教育教学的本质规律，满足学生全面发展和个性成长的需求，使他们能够传承和生发中华民族之人文精神气象；又指教师和学生一道共同营造基于校本的课堂教学文化，以及从学科文化的路径来成人和成才。

因此,在好的课堂教学上,教师是有其独有的教学风格和教学主张的,而学生是有其独特的品格气质和精神气象的。也就是说,好的课堂教学是有根、有魂、有人、有气的生命互动过程,能让在这个场域的人都能收获应有的尊重、尊严和成长。

好的教学评价"度"在何方

教学评价,就是评价教与学的过程,是整个教学中重要的一环,具有测评、诊断、激励和导向等多种功能。《中国学生发展核心素养》的发布,意味着课堂教学的重心从学科教学走向学科教育,凸显以学科教学育人的价值取向。好的教学评价不仅要聚焦效度、信度、难度和区分度,而且还要关注态度、向度、适度,以及防止无度。

态度是教学评价的基点

教学评价首先要回答的是"为什么而评价"。只有明晰了这个"初心",即评价的目的,我们才能精准地找到评价应有的心态。传统的教学评价主要强调评价的甄别功能,以利于选拔"适合"的学生,甚至以此来定义教学的效果,其关注的是结果,即为了"选择适合教育的学生"。好的教学评价不仅要关注结果,而且要关注过程,即评价应是为了"创造适合学生的教育",其旨趣不是"鉴定"学生的表现，而是"服务"学生的成长。

向度是教学评价的远点

教学评价的宗旨是促进人的终身发展。教学中的人，包括教师和学生，无论是"以教师为中心"还是"以学生为中心"的教学评价，都不全面。好的教学评价不仅要面向师生，而且要指向他们当下的成长和未来的发展方向。要到达未来发展的"远点"，除了要给予师生适当的激励和导向外，好的教学评价还需帮助师生实现自我评价的构建，形成正确的世界观、人生观、价值观。

适度是教学评价的重点

"适"是对"度"的把握，是"生"的智慧，是"道"的精髓。好的教学评价应遵道而适度，应利人而充满智慧。适度的教学评价，主要表现为适时的评价时机、适当的评价方法、适宜的评价主体、适量的评价内容、适合的评价标准。这里的"适"，是一种恰到好处，可以是"家常便饭"的反馈与鼓励，也可以是"锦上添花"的表扬与赞美，还可以是"雪中送炭"的提醒与纠正。

无度是教学评价的败点

教学评价既是科学，又是艺术，不能一味崇拜"对的真理"而不分场合、不分时机、不分对象、不分情境地坚持客观的评价。教学评价只是教学手段，不是教学目的，教师不能为了教学评价而评价教与学。好的教学评价不能事无巨细，面面俱到，否则过犹不及，且物极必反。教学的根本价值是育人，所以评价教学不能用线性思维去审视和评判，不能毫无节制、毫无智慧地囿于评价，而要以人的发展为本，讲究科学和艺术的结合。

学科教学育人的"六重"境界

育人不仅是教育的根本使命，而且是教师的根本职责，还是学科教学的根本价值。从《中国学生发展核心素养》的提出到各课程要培育的核心素养的凝练，凸显了我国教育改革对学科教学育人的发展定位和价值追求。学科教学育人，我认为有以下"六重"境界。

第一重境界：学科知识育人

学科教学最起码的要求是"传授"学科知识，所以学科知识育人是学科教学育人的第一重境界。学科知识是学科本质属性与联系的客观反映，属于理性知识，可分为三类：一是陈述性知识，二是程序性知识，三是策略性知识。陈述性知识主要是说明事物是什么，以事实陈述或命题的形式出现，如"细胞是生物体结构和功能的基本单位"；程序性知识是指怎样做的知识，是关于解决问题的操作过程的知识，即关于从已知状态向目标状态转化的知识，如"人体口腔上皮细胞临时装片的制作"；策略性知识是如何学习和如何思维的知识，它所处理的对象不是客观事物，而是个人自身认知活动的策略和方法，即是关于怎么样用陈述性知识或程序性知识去学习、记忆及解决问题的一般方法与技巧的知识，如"细胞结构与功能的识别方法"。

学科知识是打开学科"殿堂"和认识学科规律"宝库"的钥匙，是建立学科概念、学科思维和学科思想的基础，是形成学科语言、学科色彩和学科性格的条件。英国哲学家培根在《随笔集》中说："知识能塑造人的性格。"我最想说的是，任何学科知识都不是枯燥无味、冷冰冰的，也不是和我们毫无关系的，更不是毫无用处的，而是蕴含着许多充满人性温度的故事，尤其是每一个学科知识背后所蕴含的前人不断探索的历程和前赴后继地追求真理、真知的足迹，乃至今人在这一学科领域的继续深度探究和发现，这些才是知识最美的"诗意"。

在"学科知识育人"中，教师需要做的不是让学生死记硬背学科知识，而是"育其知"，培育学生的认知和感知，借助学科知识"教化"学生从"学会"走向"会学"，甚至"乐学"，并从中发现学科知识所蕴含的"丰富营养"，从而提高他们的能力、悟性和修为。

如果想激发学生求知的主动性和自觉性，那么教师还要让学科知识和学生"发生关系"，让他们思考并明晰：所学的学科知识和"我"有什么关系？"我"为什么要学？"我"学了究竟有什么用……马克思说："人是一切社会关系的总和。"人有了关系，才会建立联系；有了联系，人就会产生情感。苏霍姆林斯基说："情感如同肥沃的土地，知识的种子就播在这个土壤上。"同时，还会在学生的心里生长出对知识的追求与热爱。若学生对学科知识有了追求与热爱，教师何须担忧学生不主动、不自觉学习学科知识。

第二重境界：学科技能育人

"授人以鱼，不如授之以渔"在我国教育界广为流传，因为授人以鱼只救一时之急，授人以渔则可解一生之需。对学科教学而言，不但要"授人以鱼"，而且也要"授之以渔"，即不从"不如"字面去解读，而从"也要"的视角去指导教学。我们既不能忽视"鱼"的价值，也不应过于夸大"渔"的能效。显然，"渔"不同的鱼需要不同的方法和技巧，所以"授何渔"要依据"鱼"的不同进行针对性的传授。事实上，"渔"与"鱼"一样，都有好坏、优劣之分，如有死记硬背之"渔"、应付考试之"渔"、探索创造之"渔"、获取知识之"渔"、反思领悟之"渔"，等等。那么，学科教学究竟如何"渔"才能达到育人的目的？这里所谈的"渔"不仅是指获取学科知识的方法和技巧，而且还包括学科的专业技能，统称"学科技能"。

学科技能是发展学生综合能力的重要组成部分，是学科能力的重要体现。学科教学的主要目的是在传授知识的同时，灵活地去发展学生的智力，培养他们的能力，特别是各学科能力。学生的成长和发展不仅需要习得学科知识，也要学会学科知识获取的方法和掌握各学科相关的专业技能。学科知识不同，获取的方法和技巧也不同，考虑到这方面的文献已不少，本文不再赘述，侧重谈各学科的专业技能。比如，语文和英语等语言类学科的语言表述技巧（听、说、读、写等方面的技能），数学学科的运算技巧和数学方程解答技巧，生物学科显微镜正确使用的技能和玻片、装片制作技巧，化学学科有关实验仪器的操作技巧，美术学科的作画技能，音乐学科的歌唱技巧，体育学科的运动技能，信息技术学科的电脑操作技能，等等。上述学科技能的习得，既要根植于学科的系统知识，又要厚植于日常教学中的有效训练。学生掌握了一技之长或数技之长，无论是学业的发展，还是将来的就业，都大有裨益。这也是成就不同学生个性化发展的必由之路和必经之路。

学科技能育人是学科教学育人的第二重境界。在"学科技能育人"中，教师要围绕"育其能"的目标，秉承"差异性"和"个性化"的教学育人理念，依据"寸有所长，尺有所短"的客观事实，做到"因材施技"和"因技施人"。无论是不同学生对相同学科的同一项专业技能，还是同一个学生对同一学科不同的专业技能，或者同一个学生对不同学科的专业技能，他们对学科技能的敏感度和掌握度都可能不同。所以，在学科技能教学中，教师在鼓励学生追求"炉火纯青"般熟练的同时，也要允许"简单操作"甚至"不会"的存在。因为很多时候，人对学科技能具有"选择性"，就好像游泳，有的人天生就是个"旱鸭子"。甚至有的时候，技能也选人，即学习某些技能的人要具备一定的条件，比如练习健美操，没有一定的身体素质条件是无法完成一些动作的。

第三重境界：学科活动育人

学科教学离不开学科活动，没有学科活动之水的浇灌，就没有学科教学鲜花之盛开。从本质上来说，学科教学也是一种认识过程，一种学生在学科教师指导下进行的有目的、有计划的认识过程，并且这一过程由学科活动串联而成。北京师范大学资深教授顾明远先生极力推崇"学生成长在活动中"，认为学生是在实践活动中获取知识、体悟人生、养成良好品德的，教师要积极创造活动条件，让学生主动参与学科教学活动，在活动中发现自我，成长自我和超越自我，从而形成正确的世界观、人生观和价值观，以及养成高尚的品质和完善的人格。

学科活动的范畴很广，凡是跟学科相关的活动都可以称为学科活动，但这里侧重于学科主题活动、学科项目学习活动、学科综合实践活动等，即突出实践性、探究性、创新性和综合性的学科活动，如语文学科的采风活动和图书漂流阅读活动、化学学科的"中学生日常生活食品中添加剂的调查"主题活动、生物学科的"中草药植物的组织培养"项目学习活动、信息技术的电脑作品制作活动、历史学科的"年例的历史渊源及演变"调研活动，等等。这些学科活动的基本要义有三：一是对学科知识和学科技能的融会贯通和灵活应用，使学生成为"使用者"；二是在活动的真实情境中发现和构建新的学科知识和技能，使学生成为"发现者"；三是在参与的过程中提升学科思维能力、实践能力和创新能力，形成积极向上的信念、情感和意志，在与同伴及他人的互动中学会与人交流与合作，懂得尊重别人和改变自己，既能与人和睦相处，又能与己和谐相处，使学生成为

"成长者"。正是麦哲伦环球航行的探索活动，使人们认识到地球是"圆"的，而不是"方"的。

让学生发生真正的成长是学科教学最重要的"成果"，也是最根本的价值取向和最核心的意义所在。学科活动育人是学科教学育人的第三重境界，重点是"育其行"，即构设"行远成人"的育人意境和价值追求。在人生成长路上，学生既要"读万卷书"，又要"行万里路"。人生的每一段经历，都会构成我们生命的宝贵财富。

第四重境界：学科思想育人

学科思想是各学科固有的本质属性，能够反映学科知识本质、学科思维特点和学科学习规律，有"学科教学的精髓和灵魂"之称，对学科学习、学科教学、学科应用和学科发展有着指导性和决定性作用。学科思想育人是学科教学育人的第四重境界。有句哲理名言说："播下一种思想，收获一种行为；播下一种行为，收获一种习惯；播下一种习惯，收获一种性格；播下一种性格，收获一种命运。"有什么样的思想，就有什么样的观念；有什么样的观念，就有什么样的人生。与学科知识、学科技能和学科活动相比，还是学科思想育人"能致远"。所以，教师应帮助学生形成学科思想，如数学学科的变式思想和数形结合思想，物理学科的模型建构思想和能量守恒思想，化学学科的守恒思想和动态平衡思想，生物学科的进化与适应思想和遗传与变异思想，等等。同时，当今社会教育发展和全面深化课程改革对教师提出共同的期盼：用思想重塑教育的行为，提升教育的品质，重构课堂教学，滋养学生的心灵和引领生命成长。

研究表明，传统学科教学一方面重视学科知识的传授，但不重视学科思想的教学，这样就导致了学生的学科学习陷入庞杂、零散且缺乏整合的知识学习；另一方面注重训练学生的解题技巧，但这些浅表而机械的技能学习难以提高他们的创新能力，所以教师要让学生把握学科思想，使学科学习思维化和系统化，这样才能让学科教学更有效、更优质。学科思想是各学科内在的、本质的东西，是"知识"背后的"知识"，是各学科的重要支撑，是指导学科教学的核心理论基础，是灵活应用学科知识和学科技能的"指南"。因此，只有触摸到学科思想这个"本"，才能领悟到学科内容之"魂"，才能找到学科教学育人之"心"。比如，在生物学科教学中，学生形成了生物与环境、稳态与调节等思想，就会理解和认同"绿水青山就是金山银山""像爱护眼睛一样保护环境"等理念。"育其心"是学科教学育人的核心价值取向，教师要依托学科思想，让学生在学科学习过程中感受学科的魅力和"慧光"，引导他们从中相遇生命的开悟、顿悟和觉悟，全心全意地帮助他们收获思想，收获成长。此外，在"学科思想育人"中，教师还要注重学生学习本学科的思想的指引，使之建立正确的学科学习观，在学科学习时心正意诚，即"正其心、诚其意、修其身，而后育其心"。

第五重境界：学科文化育人

文化是教育的根，而教育本身也是一种文化，一种传承优秀传统文化和创造新文化的文化。文化之于教育，是一个有着强大的化人作用的"磁场"，具有独特的育人功能，对人的思想、行为、认知、情感、习惯、生活和价值观等都具有无可估量的潜移默化的影响。文化之于学科，就像一条奔腾的河流，从学科的起源流到学科的今日，再流向学科之未来；又如一方土壤，生长着各学科的花草树木，有着前人探索的历史足迹和今人开辟的田园，同时有着各自演变发展的方向。有学者认为，学科文化是指在学科知识与学科组织的发展过程中形成的独特的知识理论体系、思维方式、价值观念、学科传统、伦理规范、学科制度和行为习惯等的总和。成尚荣先生说："重要的不是给文化定义，而是对文化的解释，即文化的意义。"本文所指的学科文化，包括三层含义：一是学科的专业文化；二是学科的课堂教学文化；三是学科的教研文化。学科文化育人的意蕴，就是凝练学科的专业文化，从文化的视角构建学科教研组，引领学科教师和学生共同创造基于学科特性、师生特点和学校实际的学科课堂教学文化，从而实现育人的目的。在学科教学育人的境域里，学科文化育人属于第五重境界。

英国教育家怀特海强调："我们的目标是，要塑造既具有广泛的文化修养又在某个特殊方面有专业知识的人才。"可见，学科文化育人对提高教育质量来说非常重要，当然，也非常有效。但是，过去乃至现在，学科教师似乎在教育教学的实践中缺乏文化的视野与格局，忽视了或者根本没有意识到文化的作用。比如，在目标上，重成才，轻成人，重工具性、知识性和技能性的培养，轻思想性、智慧性和体悟性的培育；在内容上，重专业性、运用性和科学性教育，轻通识性、创造性和人文性教育；在形式上，重显性教育、他人教育和共性教育，轻隐性教育、自我教育和个性教育。

通过学科文化的路径来培育学生，实质就是"育其根"。《淮南子·原道》："万物有所生，而独知守其根。"所以，根正而杆直，根深而叶茂，根固而生长。学科教师追求学科文化育人的境界，就要通过文化的力量来焕发学生自我约束的自律力、自我反思的成长力和自我成长的生命力。

第六重境界：学科生活育人

生活既是学科教学的出发点，又是学科教学的落脚点。实质上，学科知识本身就是人们生活经验的积淀、提炼、浓缩和抽象，而学科教学实际上就是教师让学科知识生活化的过程，就是把学科知识、技能、思想等转化为学生的生活经验的过程。这说明，学科教学要回归到生活的真实情境，才能"活"出自身应有的活力和张力。"活"的学科教学要以生活为中心，并通过学科生活育人。"活"，不仅是学科教学的最高境界，而且是人的品质发展的最高境界，所以，我把学科生活育人定位为学科教学育人的第六重境界。

那么,"学科生活育人"的内涵和意旨是什么?简单地说,既包括学科生活化教学,又包括生活学科化。概括地讲,就是教师通过学科生活化的教学思路和教学策略,帮助学生实现生活学科化。学科生活化教学是指教师根据"生活"的方式理解、打开、构建和开展学科教学,即教师要立足"生活"的旨趣,在思路上,依据学生所经历的真实生活及取得的生活经验组织学科教学,既要服务学生当下的生活,又要服务于他们未来的生活,从而使学科教学"深深扎根于现实生活,深度融入现实生活,最大限度服务于现实生活";在方法上,学科教学要根植当地、本校师生的生活方式、习惯和现状等进行学科教学,使学生既能关注自身健康生活,又能在生活中做到学有所用,且通过学科学习改善和提高当下的生活质量,尤其是精神生活。

当然,学科生活化教学只是学科教学途径或手段,但不是目的,其目的是实现学生的生活学科化。华东师范大学周彬教授指出,学科生活化教学是对学科知识的"解压",使之恢复为生活经验的形态,虽然生活经验更容易让学生理解,但生活经验并不能转存到学生的知识结构之中,要使学生将已被教师"解压"后的学科知识转存到自己的知识结构之中,有必要让学生走向生活学科化,即让学生重新"压缩"和抽象以生活经验形态存在的学科知识。所以,学科教学要帮助和引导学生汲取学科精粹,让学科核心素养铸强他们的生活脊梁,从而过一种有意义、有意思、有品质的学科生活化的人生。

总之,学科知识、学科技能、学科活动、学科思想、学科文化和学科生活彼此之间不是孤立的,而是相互关联和相互交融的,共同构成了学科教学的过程,都以"育人"为价值追求和根本目的,但侧重点有所不同,分别为"育其知""育其能""育其行""育其心""育其根"和"育其活"。因此,学科教学既要"授人以鱼",也要"授之以渔和渔场",更要使学生懂得"渔何鱼,渔几何鱼",知道"何时何地鱼"和领悟"何时何鱼不得渔"的真谛,并且还要使他们走向"护鱼护境,和谐自然"的自觉和自律。

第五辑

读懂教研：
教师成长的云梯

"教研绝对不是高深的难以理解的工作，而是每个一线教师日常工作中的修行。"

——李政涛

问题即课题吗

不知道是不是思维之定势，还是表达之习惯，或者真的如此之理解，在不少场合都能听到一些专家、学者甚至一线教师，都认为"问题即课题"或"课题即问题"，有的报刊也是如此宣传，甚至有的地方把树立"问题即课题、教研即研究、成长即成果"教研理念写进文件。在我看来，不管是"问题即课题"还是"课题即问题"，都是想简明扼要地陈述"什么是课题"或"课题是什么"的教研观点。但是，这样的观点经不起推敲，不仅不符合逻辑，也不符合实际，因为问题和课题之间的关系不是"即"的关系，不能画等号。那么，课题究竟是什么？课题和问题究竟是什么关系？

首先，从来源或诱因来看，课题是基于问题提出的。这就讲明，课题源于问题，问题是课题产生的诱因。没有问题就没有课题，有怎样的问题就有怎样的课题。基于大问题的课题是大课题，基于小问题的课题是小课题；基于假问题、伪问题的课题是假课题、伪课题，基于真问题、好问题的课题是真课题、好课题。所以，一线教师在确立课题时，就应基于日常教育教学工作中存在的真实问题出发，并根据课题组的团队实力，然后选定所要开展的课题。

比如，针对教师在专业发展上存在的问题，岭南师范学院附属中学教师先后成功申请了"校本研修引领教师专业发展的实践研究""未来教育空间站支持下的中学教师专业能力发展研究""教师梯度发展'三梯九级'模式校本培养研究""校本研修引领数学教师专业发展的实践研究""教师专业成长激励机制研究""教育现代化下教师专业化发展的研究""中学工会组织建设与提升教师幸福感的实践研究"等省级立项课题。

其次，从内容或过程来看，课题是研究问题。这就说明，课题研究不仅要有问题意识，还要有研究思维。在研究思维的土壤中，生长着研究思想、研究思路的花朵，甚至流动着研究思绪的空气，是研究者不可缺少的核心素养。根据研究思维的逻辑，任何问题都不是单一的，而是错综复杂、数量众多的，所以教师在设计课题时要围绕研究主题、研究目标及问题之关联来选定课题的研究内容、研究方法、研究重点和创新点，从而明晰课题研究的思路、步骤、实施方案和所需要的条件。

例如，在主持省级课题"教育现代化下教师专业化发展的研究"过程中，我们运用文献研究法对"教师专业化发展+教育现代化"研究现状进行梳理，结合实际情况，确立课题研究的内容及方向，并提出理论假设；通过个案研究法、行动研究法、经验归纳法和文献研究法等综合研究的方式，探索基于教育现代化背景下教师专业发展的优势、路径、策略、成效及原因分析，并研发形成基于校本和引领教师专业发展的教师教育校本课程。

最后，从目标或结果来看，课题是解决问题。这就表明，课题立项研究的目标是要解决问题。通过解决问题的过程，可以来提高教师解决问题的能力，来淬炼教师的研究思维（特别是闭环思维），来生成教师教书育人的智慧，从而促进教师更好地成长。诚然，成长教师的目的是为了创造更好的教育和培育更好的学生。

解决问题、成长师生和成就教育，无疑是开展课题研究的根本价值和根本意义之所在。显然，是否真正解决问题是课题能否顺利结题的关键，而能有效促进师生的成长和学校教育的发展则是优秀课题的表征。在开展省级课题"教育现代化下教师专业化发展的研究"过程中，为打破教师专业发展的"天花板"，我们通过探寻教师专业发展的生命场域，找到了教师生命成长的根基、方向、脊梁、重心、舞台、阳光、源泉和催化剂，进而引领广大教师从"专业发展"走向"生命成长"，实现"为人""为师"合一和"经师""人师"合体，并以全人之姿态培育全人之人才。

综上可知，课题源于问题、研究问题和解决问题；且课题高于问题，是有方法、有步骤地研究问题，是有效地、创新地解决问题。一线教师开展课题研究的旨趣在于使教师的问题意识、研究思维和解决问题的能力得以提高，尤其是促进教师教育教学能力的提升，且不但能用教育的情怀为学生成长和自身发展找到更佳的平台及路径，而且能用研究的眼光看待世界和创造人生。

读懂教研：教师成长的云梯

回望名师的成长之路和名校的发展历程，教研都发挥了重要的作用。然而，据了解，有些学校教师不仅不热衷教研，还认为教师把课上好就行，不用做什么教研，没有多大作用，甚至觉得做教研是"不务正业"；部分教师做课题、写论文是"被逼的"，仅仅是为了评职称的需要。有的教师更是毫不掩饰地说："平时教学工作已够忙了，还要照顾家庭，我哪有时间再做教研？"还有的教师嘲讽道："那些经常搞课题、发表论文的教师，不见得他的教学成绩有多好，甚至还不如我呢。"我在想，教师究竟有没有读懂什么是教研？有没有清楚教研的作用，特别是对教师专业成长的意义？对这些问题的思考和追问，有助于教师读懂教研的内涵及魅力，从而有利于提高教师参与教研的主动性、积极性和投入度。

何谓教研

从构成上看，教研是由"教"+"研"组成。在字义上，"教"有教育、教学、教材、教师、教具等之意，"研"有研究、研讨、研修、研学、研发等意思。所以，"教研"不是教育研究的简称，也不是教学研究或教育教学研究的简称，而是关于教育、教学、教材、教师，乃至课程、学生、学习和作业等方面的研究（或研讨、研修、研学或研发）的统称。

这就意味着，在方式或内容上，教研不能被窄化为做课题、写论文，做课题只是教研的一种方式，而写论文是教研成果的一种提炼、表述和交流的形式。教师日常的集体备课、上课、听课或观课、评课或议课、命题等，或者参加课题研究、主题研修、专题研讨、课程研发、考察学习、培训、研学，以及开展调查研究、访谈等都属于教研的范畴。

此外，对教育政策的解读、对学校发展的诊断、对课程标准的研读、对学情的分析、对学习的探讨、对评价的反馈……都是教研活动。华东师范大学李政涛教授说："教研绝对不是高深的难以理解的工作，而是每个一线教师日常工作中的修行。"在我看来，教研的天空比想象的要辽阔，教师无不在教研之中，教研应成为教师生活的常态，而教师则应以"研究"的姿态成长和构筑自己的教育大厦，为学生的全面发展和个性成长创造更好的教育。

为何教研

从关系上言，教研中的"教"是"研"的对象，是承载"研"之种子萌发、生长、开花和结果的土壤；而"研"是行走在"教"之田野的心态、姿态和状态，犹如撒播于土壤的阳光和雨露。显然，有了"研"的阳光才能照亮"教"的方向，有了"研"的雨露才能涵养"教"的土壤。故而有云："教而不研则浅，研而不教则空。"

"研"由"石+开"组成，意思是指"把石头打开，求真事物的本质"。打开"教"之"石头"，教师能看见"教"之"五脏六腑"或"五光十色"，甚至发现"教"之"化石"或"玉石"。于教师成长而言，"教研"是教师胜任教育教学工作的重要支撑，是教师找到教育制高点的通道，是教师发现教育规律、教学原理，以及师生生命成长的节律和优势的眼睛，是教师精耕细作课堂教学的利器，是教师职业倦怠的"消除器"，是教师收获专业成长和职业幸福的田园。

就集体研讨来说，根据"乔哈里窗"原理，教师既可以通过陈述和回答让自己知道和他人不知道的"隐蔽区"转化为自己和他人都知道的"公开区"，又可以通过倾听和回应走出自己不知道但他人知道的"盲点区"而抵达"公开区"，还可以通过观点碰撞让自己和他人都不知道的"未知区"也变成"公开区"。也就是说，集体研讨能不断扩大教师群体的"公开区"，从而为教师的生命持续赋能和增值，进而产生专业成长的群体效应，这就是集体研讨等教研活动对教师成长的重要价值。

如何教研

从策略上想，如果教研是"把石头打开"，那么如何教研就是要解决"怎样把石头打开"的问题。"把石头打开"不是"把石头打碎"，也不能"打而不开"。要顺利地做到"把石头打开"，首先，要明确谁来打开；其次，要清楚打开什么样的"石头"；最后，要选择科学的方法、合适的工具，并从恰当的位置着手、着力。而教研的开展应做到"五要"：一是目标要明确；二是主体要主动；三是内容要系统；四是方法要科学；五是问题要解决。

有些学校教师之所以没有收获教研带来的硕果，我认为主要原因可归纳为:"思而不考""研而不究""知而不行""做而不思""述而不作"。因此,教师在开展教研时应做到思考同行、研究合体、知行合一、做思融合、述作同步,即从"研而不究"走向"既研又究",从"知而不行"走向"既知又行",从"做而不思"走向"既做又思",从"述而不作"走向"既述又作"。

倘若想啜饮教研的甘泉,教师要不断强化自身的问题意识,提升发现问题、分析问题和解决问题的能力,尤其是要锤炼思维的条理性、逻辑性、思辨性和系统性,从而用"研究"的姿态成长自己,用"研究"的思维成就学生。

总之,读懂教研,教师就找到了成长的云梯。拾梯而上,向阳而长,沿途几多艰辛,就几多美景。

每个教师都是校本教研的主角

有次到外地分享校本教研经验时,有位年轻的 L 老师私下跟我说:"我们学校也开展了不少教研活动,但我感觉对年轻教师帮助不大。有时还挺无聊的。"还有一个 C 老师也感叹说:"等我老了,我就不用上公开课了。"

"为什么会无聊呢?"我想先听听 L 老师的看法。"因为很多时候,都是邀请的专家或年长教师在滔滔不绝、侃侃而谈,而我们年轻教师都是'只能听不能说',您不觉得很无聊吗?""那你觉得怎样才不无聊呢?"我追问道。"我觉得嘛,应该给年轻教师多点发言的机会，并能参与到教研活动中去……"L老师稍做思考后说。而C老师之所以期待自己"变老"，是因为学校允许40周岁以上教师可以享受"不用上公开课，不用写详细教案，不要求做课题和写论文"等"福利"。

听L老师这么一说，我似乎明白了她的无聊与寂寞，原来是教研权利被剥夺，被忽视，被冷落。这实质上是教师教研主体意识的一种觉醒，是对主动参与教研的一种诉求，是对群体中平等地位的一种渴望，是一种对"霸权教研"的厌倦和对"平等教研"的向往。然而，在某些学校的日常校本教研中，专家、学校领导或资深教师过多的话语权无疑会挤占年轻教师的发言权。久而久之，年轻教师参与教研的热情就会减弱，即使有不同的见解也碍于默认的资历排序而不敢声张。更有甚者，或已习惯于听从所谓权威的论断，没有形成自己独立之思想和自由之精神，就难以创造原创性的成果。试问，戴着镣铐的舞者怎能跳出韵味与新意？

在我看来，好的校本教研应摒弃话语霸权，注重营造自由、平等和宽松的氛围，调动每一个教师的教研激情，发挥各自在教研团队中应有的作用，让他们都能各抒己见、各显神通，从而使彼此都能收获参与感、归属感和荣誉感，进而在校本教研中遇见更好的自己，成就更好的教育，培育更好的学生。年轻教师无疑是校本教研的中坚力量，特别是他们的工作拼劲、研究激情和创新意识，能给校本教研带来无限的可能和创意，如我国北斗导航卫星研制团队的平均年龄只有31岁，这就是一个很好的例证。

年长教师不但拥有丰富的专业知识、教学经验和人生阅历，而且思想成熟、做事沉稳、考虑周全，这些于学校的教育发展、课程改革和青年教师成长，都是非常重要的力量。所以，校本教研不仅不能把年长教师"排除"在外，也不能以"福利"形式授之以特权，还应鼓励他们参加校本教研。否则，就容易误导教师校本教研的价值取向。

点燃年长教师教研激情有"三招"

年长教师，特别是评上高级职称的教师普遍缺乏教研激情，这不仅是一个不争的事实，也是当前教育需要破解的"瓶颈"之一。俗话说："家有一老，如有一宝。"对教育、对学校，这句谚语同样适用。年长教师丰富的专业知识、教学经验、人生阅历，都是学校发展和自我提升的宝贵财富。年长教师这股教研力量，于教育的发展，既需要又重要。那么，怎样点燃他们的教研激情？我认为，有以下"三招"。

第一招是"天招"，即去其"天花板"

有些地方和学校在组织教学竞赛、说课比赛、教学论文和教学设计大赛等教研活动时，往往明确多少周岁以下教师参加。这就等于说多少周岁以上的年长教师不用参加，导致年长教师想参加都不好意思，有的学校每学年也只是要求多少周岁以下的教师必须撰写教学论文。试想一下，这些活动都把年长教师"排除"在外，他们怎么对教研有激情呢？所以，不仅不能"排除"他们，而且应鼓励他们参加。有他们参与的教研，相信会更有深度、宽度和高度。

第二招是"地招",即厚其"耕耘地"

如果教育是一片大海,那么学科教育只是汇聚成大海的那一条条江河。年长教师之所以"停滞"了成长,没有了昔日的激情,很多时候是被"学科专业"限制住了翱翔的翅膀。如果教育是我们脚下的土地,那么年长教师所要担任的学科教学就如盆景中那点土。就这么点"土",年长教师早已熟悉,再怎么长也不会长成参天大树,何来激情?唯有激励他走出"花盆",跨越"学科",走向无比辽阔的大海,勇当教研中的智慧浪花,这才是年长教师最激情的姿态。

第三招是"心招",即燃其"教育心"

心态决定状态,行动源于心动。选择以教师为职业的人,都有一颗"教育心"。教育之于教师,无非是通过自己的言行影响他人,并促进他人的成长和发展,而教师也只有不断地成长自己,方能不断地成就教育。只有拥有了"研"的阳光,才能照亮"教"的方向,也只有"研"的营养,才能强壮师者的臂膀。除了鼓励年长教师要积极主动参加教研活动外,让他们分享年轻教师的著作和优秀论文,以"倒逼"他们将自己的经验和思考提炼成文成书,并通过发表/出版进行分享,从而引领青年教师成长,这不也是一种"静悄悄的教育"?

总之,"天招""地招"和"心招"齐发,天、地、心合一,年长教师就能找到广袤的大地,就能发现辽阔的天空,从而再次燃烧二次成长的"知""情""意""行"。同时,教育也将会因年长教师教研激情的重燃而更加充满光泽和高度。

突破校本教研困境的"三破三立"

最近,一位来自云南的蒙老师发微信给我:"李老师:您好!想了解一下,你们学校备课组(教研组)的教研活动是如何开展的?有什么具体要求吗?对教师的课堂教学有什么规定吗?我们学校备课组会议大家基本都是走形式,教研组会议大家也不爱参加,也不认真备课,只是把大量的作业布置给学生,学生抄作业现象严重,学校成绩逐年下滑,希望李老师能给些建议。"我回复他:"如果教研走形式,停留在浅水区,没有创意,没有新意,将心比心,我也不想参加,因为这样太没意思,浪费时间,慢慢就会滋生应付心态、抵触心理。备课若无相同主题,无价值认同,无共同目标,没有共同话语体系,或者体系不同层,如何实现有价值的对话?"

蒙老师所提的问题,在中小学普遍存在。在我看来,做好"三破三立",将有助于提升校本教研的实效。

破封闭化,立共享心

案例:顾老师去某重点中学听陈老师的课,那堂课上得"精彩而不失真,高效而不浮夸"。于是,顾老师好心地说:"值得到公开课上去露一手。"出乎意料的是,陈老师却神秘兮兮地说:"上公开课只不过是'作秀',自己琢磨出来一套看家本领,那才是评优晋升的

'撒手锏'，怎么能轻易地外泄呢？"听罢，顾老师一片惘然。

而我，愕然过后，幡然醒悟，终于解开了某些校本教研活动暗淡无光的困惑。原来有人藏着"秘密武器"，封闭自己的"真知灼见"，研讨时就用众人皆知的"正确的话"来应付了事，以让自己在学校的评优评先、晋级晋升或绩效考核中占据优势。

人民教育家于漪老师曾说过，选择了当教师，就选择了高尚。这就是一名教师生命的意义和价值所在。如果连经验做法都不愿分享，这样的教师谈何高尚？选择做教师的人，就意味着选择了分享，通过分享自己的学识和思想助力他人（不仅仅是学生）成长。

换个角度看，所谓的"秘密武器"或"杀手锏"，这样藏着、掖着，就不怕"过期"或"生锈"？和同事分享是"砸自己的饭碗"，还是为自己"打开一扇窗"？评优晋升的"杀手锏"是"秘密武器"，还是同行的专业认可？如果你不愿意和别人分享，别人会乐意和你交流吗？倘若大家都不愿意真诚地分享做法、经验和见解，那么在这样氛围下的校本教研就是一潭死水，毫无生机。

如果星星没有相互辉映，那么它们就不会漾出璀璨的星空；如果迁徙的鸟儿没有相互赋能，那么彼此就不会飞越遥远的距离而顺利到达目的地。教育也好，教研也罢，都应是生命的合唱，而不是个人的独奏。校本教研要防止个人主义的滋生或蔓延，就需破除教师个体的封闭，实现教师群体的共享。

首先，在思想上，要让教师深刻地认识到：教育在本质上是引领他人成长的事业，是相互影响、相互促进、相互成就的实践哲学，而分享是人生的一种美德，是教育的生命律动，是教师的生命气象，是利他、利己，且不损己的行为。正如英国作家萧伯纳所说，你有一个苹果，我有一个苹果，彼此交换一下，我们仍然是各有一个苹果；但你有一种思想，我有一种思想，彼此交换，我们就都有了两种思想，甚至更多。分享不仅不会"砸自己的饭碗"，还会"收获更多的饭碗"，甚至是"金饭碗"。

其次，在策略上，学校要为教师相互分享创造机会和平台，让他们敢于、乐于乃至善于展示自己。比如，可以让教学成绩突出的教师介绍课堂教学经验，让班主任工作出色的教师分享育人艺术，让课题成果丰硕的教师介绍成果提炼……对形成教育思想或教学主张的教师，学校不妨为他们举行某某教师教育或教学思想报告会。在日常年级组、教研组或备课组教研活动中，则要更多地鼓励普通教师发言，让每个教师都能自由、自在、自主地畅谈心声。在开始阶段，学校可进行适当的激励，以促进教师分享行为的养成，逐渐使之成为一种自觉、自律的教育行为。

最后，在范围上，校本教研要打破学科和地域的边界，开展跨学科、跨学校、跨地市、跨省份乃至跨国界的交流研讨活动。要让校本教研散发迷人的光彩，教师、学校都要打破封闭化，打开自己，让更多的光亮照射进来。教师应用开放的思想和胸怀，拥抱新时代"共享"的发展理念，践行"共同体"精神，把身上的光芒释放出来，为教育，为学生，为天地，为自己，立一颗乃至一群"共享"的心。

破散碎化，构建共同话语体系

案例：在外人看来，某校教师的教研能力和教研水平都比较高，因为学校名师多、课题多、教研成果多。但不可思议的是，该校名师虽名声在外，在校内的影响力却非常微弱，甚至没有发挥出名师应有的引领作用。

经初步了解，该校非常重视教师的教科研，无论人力还是物力或财力，都给予大力支持，因此学校的教研氛围非常浓厚，从校级领导到中层干部，都带头开展课题研究。进一步调研后，我发现该校教师教研素养确实比其他学校的教师强，论教师个人教研能力，很多学校的教师都难以媲美，但是论教师团队教研能力，该校并不占优势。为什么有这样的反差呢？经过深入溯源和诊断发现，原因主要是校本教研缺乏顶层设计，主题变更过于频繁，教师难以适从，从而导致"各自为政"，内容零散，呈现碎片化，没有建立本校共同的教研话语体系。

这种内容零散、碎片化的校本研究，可称为散碎教研。散碎教研的优点主要表现为教师对课题和研究内容的选择拥有极大的自由，而缺点则是没有共同的聚焦，无法形成共同的教研话语。比如，你要做的是米饭，而名师擅长的是做糕点，那么名师如何对你进行引领？如果没有真正感受到名师的高超技艺和先进思想，你不会被感召，也不会产生认同，甚至有时还调侃名师不会做饭。这样，名师之"墙里花开墙外香"就有了生长的土壤。

在生活中，身处异国他乡的你，若能听到有人说普通话，定会感觉特别亲切，或者是在国内的异地，当遇见说家乡话的人时，会感觉瞬间拉近了彼此的距离。即使是初次到某个陌生的城市，如果身边有一个熟悉的人，你会感觉陌生的城市并没有那么陌生。校本教研就是需要教师彼此熟悉、走近和融合，从而通过集体的力量和智慧来解决学校在校本管理、校本课程、校本教学、校本培训和校本评价等方面存在的实际问题。

要发挥好名师的校内引领，让校本教研更具张力和影响力，学校需要破解散碎教研，构建基于校本的共同的教研话语体系，让教师之间在教研中有话可说、有话想说、有话要说。

那么，怎样构建校本教研的共同话语体系呢？这需要有顶层设计的思想、系统设计的思维和根植校本的思路，对学校校本教研进行整体规划和设计。学校可根据办学思想（教育思想）、教学主张等提炼出教研总主题，然后根据各学科教研组、备课组等设计系列分主题，从而形成各级各类教研主题。比如，某学校提出和推行"诚真教育"，在学校层面设计"诚真教育思想的理论与实践研究"的总主题，在年级、教研组或备课组层面分别设计"诚真教育思想下年级管理的创新实践""诚真教育思想在某某学科教学中的应用""诚真教育思想下某某学科课堂教学策略"等具体问题，提出"诚真课程""诚真课堂""诚真教师""诚真学生"等分主题。

此外，也可以根据国家和地方教育发展、课程改革和社会动态等需求，提出吻合时代和工作需要的教研主题，如"新高考下课堂教学的变革""基于核心素养的学科教学""复学返校后线上线下教育教学的衔接"。

有了共同的主题，就能形成共同的教研话题；有了共同的话题，方能构建共同的教研话语体系。若彼此认同并持之以恒，就会形成学校独有的校本教研文化和精神气象。当校本教研有了共同的文化和精神，就会形成强大的凝聚力和感召力。

破浅表化，走向纵深

案例：在教研组或备课组的听评课中，常常可以看到课前基本没有分工，听完课后大家集体评课，找优点，说不足，提建议，看起来很热闹。但仔细审视他们的评语，会发现基本上是说教态是否自然，板书是否合理、工整，所授的专业知识有没有科学性错误，课堂气氛是否热烈等。评课中经常出现"前面的人评完后，后面的人无话可言"的窘况，因为大家想说的话差不多。

这种校本教研活动最大的优点是听课教师特别轻松（几个人或者十几个人做同一件事，当然轻松，但这种轻松意味着低效），评课也没有什么负担（在一节课上找一两个优缺点并不难），但缺点是针对性不足，目的性不强，缺乏新意，缺少深度。

深度学习和深度教学召唤深度教研的支撑。深度教研需要破除教研的浅表化，从基于经验走向融合科研方法、研究规范、科学精神和人文素养，以探寻教育规律、教学原理和育人艺术为根本价值取向，以提高教育教学质量和育人育才为根本目的。总之，深度教研要有深层的立意、深入的探究，给人深刻的体验，并产生深远的影响。

就拿听课评课教研活动来说，要告别浅表化，走向纵深，至少需要做到以下三点。

其一，课前要进行深度的沟通协商，确立本次研讨课教研活动的主题，明晰每个教师的观察内容和研究任务。教研和教育、教学一样，都是有目的、有计划的生命活动，所以课前须明确各自的分工。除上课前教师要备好课外，每个人都应备好自己的"课"。听课评课是集体教研活动，参与者就是一个团队，而这个团队就是一个教研活动共同体。而共同体作用的发挥，需要有共同的主题进行凝聚、互动、共舞和共振，让成员能够在共同的教研话语体系中进行交流和交融。

其二，课中要进行深入的课堂观察，记录教师和学生在课堂上呈现的有价值的现象及表征，特别是要捕捉教学中的闪光点、疑难点和遗憾点。记录时，不能太随意，而应提前设计好观察记录的量表。量表的设计要有适用范围、使用说明、记录内容等。在观察或记录内容上，要根据课堂教学的基本要素细化观察点，如目标定位与达成、课堂导入与引思、问题设计与启发、活动组织与安排、教学效果与评价等。在记录表上，还要有听课者的思考、对话和构建，为课后的评课交流积累最原始、最真实的研究素材。此外，有条件的学校可以借助录像机把课录制下来，以方便教师回放观课和再研究。

其三，课后要进行深层的教学反思，共同追寻更优化的教学策略和解决方案。在评课或议课时，主持人组织听课教师根据课前的预设、课中的观察记录及个人的思考，进行简要的汇报，然后成员之间结合问题进行分析，就对策等进行"头脑风暴"，最后形成改进或提升的方法和策略，并在今后的课堂教学进行再实践和再反思，以发现教育教学的本质规律、原理及最优的解决办法。这样的校本教研，于教师，无疑是深刻的。教师有了相对固定的课堂教学观察点，通过不断观察上课教师的做法及效果，结合自己或其他教师的实践经验，可以进一步提炼出研究论文。如果一个教研组或备课组能坚持这样做，不仅能撰写相关研究论文，还可以形成校本研究著作。这些于教师来说，影响肯定是深远的。

好的校本教研"路"在何处

好的教育教学，需要好的校本教研做支撑。那么，好的校本教研"路"在何处？

首先，在"思路"上，好的校本教研要基于需要，解决真实问题。校本教研要以学校校本管理、校本评价、校本课程、校本教学和校本培训等存在的真实问题为起点。那么，如何发现和提炼真实问题？这就需要我们遵照正确的科研方法和路径进行科学诊断。要做到对真问题的真发现，教师需要具备良好的问题意识、研究思维和诊断能力。找到问题后，接着要综合分析原因，厘清影响要素，提炼研究主题，并整理成可行的研究方案，然后按照方案开展基于问题的主题研究，最后解决问题。倘若在这个过程中没有下足功夫，则容易陷入教研内容碎片化、过程形式化和研究浅表化等问题的泥潭，无法看见教研的光彩。

其次，在"出路"上，好的校本教研要基于教学，促进师生成长。教学是学校的中心工作，是师生教学相长的核心活动，是落实立德树人教育使命的主阵地。校本教研要立足、聚焦和厚植于课堂教学，不能偏离这个中心，不能移离这个阵地。教学是校本教研的研究焦点、热点和重点，是学校和教师要着力深耕的核心地带。于学校而言，好的校本教研应该是一盘棋，在教师之间、学科之间乃至师生之间建立共同的教研话语体系，这样的校本教研，才能让教师研究律动起来，学科教研互动起来，甚至校际教研联动起来。比如，各学科教学可以围绕"基于核心素养的学科教学"进行实践探索，寻找核心素养落地的学科方案，从中发现最优方案，以促进师生更好地教学相长。

最后，在"归路"上，好的校本教研要服务于教育，提升办学质量。办学质量是学校教育的生命线，是学校育人效果的综合体现。好的校本教研应以促进学校教育整体水平提高，特别是办学质量的提高为目标，甚至能通过学校教育辐射家庭教育和社会教育，从而使一方教育生态生机勃勃、欣欣向荣。要做到这种境界的校本教研，需要顶层的整体规划、系统的主题设计、各项工作的同频共振，形成基于本校传统、教育思想和生活方式的校本教研文化，从而塑造具有本校特色的育人品质和精神气象。

总之，好的校本教研是一种深度教研，不仅要追求"术"和"法"的臻美，更要追寻"道"和"律"的芳香，即崇尚在深入的研究中，获得深刻的洞察和体验，从而发现教育之规律、教学之原理和成长之奥秘，进而产生深远的影响。

好的校本教研要有共同话语

校本教研是被实践证明了的能促进教师专业发展、提高课堂教学质量、提升学校办学水平的有效路径和长效机制。然而，在不少学校开展的校本教研活动中，教师的热情并不高，甚至还产生了抵触的心理，以致不少时候出现草草了事的窘况，收效甚微。其中，教师之间缺乏共同话语，没有深入的交流，缺乏有价值的对话，就是其中的原因之一。在我看来，好的校本教研要有共同话语。

那么，校本教研为何要有共同话语呢？因为校本教研在本质上是教师之间的对话交流，是聚焦校本管理、校本课程、校本教学、校本评价、校本培训等方面存在的大家关注且急需共同解决的真实问题；因为校本教研是教师追寻集体归属感、荣誉感和自我专业效能感的高级需求，是教师探寻教育规律和问道教学的重要途径，是教师找寻团队协作和发挥组织战斗力的主要方式。

这就意味着，好的校本教研追求的不是单兵作战，不是单打独斗，不是单弦独奏，而是众人共舞、群体合唱和琴瑟和鸣。俗话说得好："人逢知己千杯少。"校本教研的活力关键在教师之间的"情投意合"。也就是说，深层的对话、深刻的体验和深度的研思是校本教研充满吸引力、张力和生命力的基础，同时是对教师的专业发展和生命成长产生深远影响的前提。毋庸置疑，这样的校本教研是需要构建共同话语的。

在校本教研中，如何构建共同话语？

首先，在思想上，教师要对校本教研的意义和开展的方式达成共识；在价值上，教师要对校本教研所聚焦的内容和主张达到认同。这是校本教研构建共同话语的根基。有了思想的共识，教师才能在精神上做到契合，才能在行动上做到合拍，才能在思考上实现同频共振。有了价值的认同，教师才能组建真正的团队，才能产生共同的聚焦，才能生发"1+1>2"的同心协力。

其次，在情感和格局上，于个体，教师要心甘情愿地放下个人的顾虑，至诚至真地分享自己的实践经验和真知灼见；于群体，教师要敢于且乐于打破年级、年龄、学段、学科，乃至学校、学区等边界，组织开展融合创新的校本教研，甚至形成校本教研共同体或联合体，让更多的力量凝聚起来，让更多的光亮集聚起来，从而在共享中照亮自己，也照亮他人。有了教师个体的无私分享和教师群体的真诚共享，校本教研就容易形成共同的话语，从而迸发出最绚丽的色彩、最耀眼的光芒、最智慧的思想。

最后，在方法和策略上，校本教研共同话语要根植在主题教研的"乡土"中，教师彼此才能形成既亲切又亲近的"乡音"。校本教研主题的选择和确立，可以分类，也可以分级，还可以分科。就学科教研组或备课组来说，校本教研的主题最好根据本学科或备课组教育教学中存在的需解决且能解决好的问题来选择，如某某学科教学育人的路径、不同课型的教学策略等。如果是从学校角度选择校本教研的主题，那么可围绕学校文化或教育思想，或教学主张进行提炼总主题和分主题。倘若是校际间的校本教研，则宜选择共性的主题，如新时代劳动教育的实践路径、新课程标准下"五育并举"的教学策略等。

总之，在好的校本教研中，教师彼此之间、学科相互之间，乃至师生之间，甚至学校之间，形成共同的教研话语体系。做到这样的校本教研，既让教师个体容易律动起来，又使教师群体互动起来，还能促进校际间联动起来。

深度教研"深"在哪儿

在核心素养下，深度学习和深度教学亟须深度教研的支撑。所谓深度教研，是相对浅表教研而言的，它从基于经验走向融合科研方法、研究规范、科学精神和人文素养，以探寻教育规律、教学原理和育人艺术为根本价值取向。那么,深度教研究竟"深"在哪儿?

深层的立意

唐代诗人王维说:"凡画山水,意在笔先。"同样的道理,深度教研的开展,先要有深层的立意。正如清代画家王原祁说:"如命意不高,眼光不到,虽渲染周致,终属隔膜。"在我看来,教研的意旨在于使教师的问题意识得以强化,研究思维得以淬炼,解决问题的能力得以提升,从而能遵循规律、符合科学、充满艺术和智慧地解决教育教学中的真实问题,进而能用教育的眼光和情怀看待世界和对待学生,创写更美好的教育篇章。教研立意通常体现在教研主题和教研目的之上,并细化在教研目标和教研内容之中。越是深层的立意,越能指引教师抵达最本质的深处,正所谓"深水区,才是畅游处"。

深入的探究

不深入,无以见真知;不深究,无以见真理。深入的探讨和研究是深度教研最核心的特征,是实现深层教研立意的行动路径。在深度教研的视域下,教师要有"打破砂锅问到底"的求真精神,要有"不到长城非好汉"的勇气和坚毅,并能运用科学的研究方法开展深入的实践研究;研讨时,教师能围绕教研主题、目标和内容,进行深入的对话,或质疑,或争辩,或分析,或综合,从而找到解决问题或优化教育教学工作的最佳方案。可见,做到这样的教研,浅尝辄止是最大的忌讳,真实而深入的研究是基础,深入而有价值的对话是关键。唯有这样,才能涌现教师更多的真知灼见。

深刻的体验

在深度教研中所经历的深入探究、思考和对话,不但能引领教师潜入深海区发现教学海洋之五彩缤纷,而且能助力教师行走太空,看见教育宇宙之浩瀚无边。比如,在"五育并举"的主题教研活动中,教师在前期的研究、实践和反思基础上,进行深入的教研对话,倘若不仅仅发现"五育并举"之价值和意义,看见"五育并举"之美,找到"五育融合"之光亮,以及学科渗透、学科融合、学段整合等育人之教学策略,那么教师是会产生被触动、被震撼、被点燃的体验的。这样的体验是亲身经历的体验,是内心被照亮的体验,是留下深刻烙印的体验。

"每个人身上都有一个太阳,每个人心中都有一个沉睡的巨人。"深度教研就是释放教研之光芒,唤醒教师心底之"巨人",使教师能发现教育教学的本质规律和人生命成长的本然规律,从而找到教育的"诗和远方",指引学生远航的方向。

教师备课要做到"四读"

"凡事预则立,不预则废。"备课是上课之始端,是授课之前提。没有准备的课,是缺乏尊重的课,是违背教育原则的课,是不负责任的课。备课是教师的基本业务,是教学的首要环节。无论是个人备课还是集体备课,在我看来,教师备课至少都要做到以下"四读"。

研读课程标准，让教学"有据"

课程标准是课堂教学的基本依据，是教材编写、教学考试和质量评价的行动指南。新修订的学科课程标准不仅凝练了学科核心素养，而且明确了学科核心素养育人的价值取向。所以，教师备课时，必须要认真研读新课程标准，读懂其思想和精神，读透学科核心素养的内涵和外延，读明"为什么教"和"教到什么程度"，读出落实核心素养的学科教学方案。

精读教材内容，让教学"有底"

教材内容是经过精选过的素材，是课堂教学的主要教学资源，是教学育人的重要依托。教师要精读教材内容，且要进行适当的增、减、调、删等处理，预设好教学内容的广度和深度，然后设置科学合理的教学活动及学习方式，选择合适的教学媒体和教学方法，这样就清楚了"教什么"和"怎么教"。即课堂教学的生成就有了方向和方法，从而形成教学的底气。

品读学生和自己，让教学"有人"

人既是教育的目的，又是教学的价值。人既是备课的逻辑起点和研究支点，又是课堂教学的"承重墙"。一方面，教师备课的首要任务是品读学生，进行学情分析，掌握学生的学习起点、学习习惯和学习优势，甚至当下状态的兴趣点、兴奋点和生长点，并预设学生的学习远点；另一方面，教师还要品读自己，把握自己所能引导的"路"和所能掌控的"度"，让自己的学科优势和个性特长得到充分张扬，照亮自己，以更好地照亮学生。

泛读课程资源，让教学"有料"

这里的"泛读"不是"泛泛而读"，而是"广泛地挖掘"。丰富的课程资源是课堂教学的"脚手架"。备课过程中，教师不但要利用好教材资源和师生资源，而且还应根据所设置的教学情境、教学活动和学生的生活状况，开发和利用好学校资源、社区资源、生活资源、社会资源等课程资源，并结合教学内容和师生与这些课程资源的关联度、契合度进行有效筛选和重构。

"诚真教研"校本实践的十大行动

在学校"至诚至真"核心理念的引领下，岭南师范学院附属中学通过"诚真教研"品牌建设，以教研为梯，助力教师登攀专业成长之高原；以教研为匙，破解课程改革、教学改进和学校改善等过程中出现的问题；以教研为光，全方位赋能教师的生命成长；以教研为水，为教师开凿职业幸福之源泉。

学校先后被认定为"中国好老师"公益行动计划基地校、广东省示范性教师教育实践基地、广东省校本培训示范学校、广东省中小学教师培训实践基地、广东省基础教育校本教研基地校和广东省中小学校本研修示范学校。此外，学校还被广东省教育研究院列为广东省基础教育研究实验基地学校，并承担"校本研修引领教师专业发展"的实践和探索,发挥了区域辐射引领的作用。

在诚真教育的实践体系中,岭南师范学院附属中学以校本教研为抓手,为教师专业发展铺路搭桥。岭南师范学院附属中学的校本教研通过在实处着力、在深处探寻、在高处登攀和在宽处共享,促进了教师的专业发展,提高了学校的教育水平和教学质量,成功打造了具有岭南师范学院附属中学特色的"诚真教研"品牌,形成了具有岭南师范学院附属中学气象的校本教研"十大行动"。

其一,以集体备课夯实教研的基础

校本教研不是单枪匹马、孤军奋战,而是群师同行、团队协作。岭南师范学院附属中学教研坚持以集体备课为夯实校本教研的基础,提倡"基于集体、为了集体"的价值取向。各学科教研组和备课组在开展集体备课时,做到"一备三定",即活动前所有教师都要"备课",做到"有备而来",并定时间、定主题和定主备人;而"备课"时则要做到"四读",包括研读课程标准、精读教材内容、广读课程资源、品读学生和教师,做到教中有据、心中有底、眼中有人、胸中有料。

集中研讨时,在听取主备人的发言后,组员围绕教研主题,畅所欲言,深入对话。依据求同存异的原则,最后达成"五个统一":统一教学思想,统一内容与要求,统一课时安排,统一达标习题,统一考核要求。观课时,对组员教师进行明确的分工,各自负责不同的观察点,并做好课堂教学记录和个人的思考。课后,再组织教师进行评课议课,集体诊断教学,发现亮点、疑点、盲点和缺点,共同寻找优化教学的破解之策,然后应用到课堂教学中。

这样的集体备课既提高了教师的积极性,又调动了他们的主观能动性;既提高了备课的宽度、厚度和细度,又提升课堂教学的品质、效果和效益,教师在这一过程中得到了真实的收获和真正的成长。

其二，以主题研修提升教研的合力

作为一种集体活动，提升合力无疑是高品质校本教研的基石和生命。为了增强校本教研的合力，岭南师范学院附属中学主要通过主题研修的方式来构建校本教研的共同话语体系，让不同学科、不同学段和不同年龄的教师能够形成共同的聚焦，产生教研的联结和同向的聚合，以众人之合力助力学校课程的改革、教学的改进和其他工作的改善，使学校软硬件得以逐一改良而升级。

教研主题的选择和确立，既分类、分级，又分科、分课。从学校角度选择主题时，我们通常围绕学校文化或教育思想，或教学主张进行提炼校本教研的总主题（即宏观主题）和分主题，如基于诚真教育思想下学科教学的实践、诚真课堂教学的年级治理策略或学科落实措施、诚真教育视域下的班级管理智慧。在教研组、备课组层面，我们会根据学校宏观教研主题，分别选定中观、微观的主题进行研修。比如，诚真教育思想在某学科教学中的渗透、某一单元的教学设计及教学策略。这样，学校各个层面的教研工作就能拧成一股绳，劲往一处使，慧往一处用，从而产生强大的教研合力。

其三，以观课议课引渠教研的活水

在听课评课的基础上，岭南师范学院附属中学致力推行观课议课，旨在改变过去"评说"的现象，引领教师在观察课堂教学活动的基础上，围绕共同关心的问题和有价值的课堂现象进行深入的对话交流，以更好地理解教学、读懂课堂，寻找、发现和耕耘好课。

观课之"观"，由"又+见"组成，就是要让教师在课堂观察的过程中产生新见解、新思路和新策略，甚至在课后的议课中，再次生成新的见解、思路和策略，从而发现好课，进而发现好教师和好教育。而议课之"议"，由"讠+义"组成，就是说在课后的交流研讨中，教师各抒己见，围绕"有意义"之事，说"有意义"之言，从而集众人之智慧以成全好课、成长好教师和成就好教育。

实践表明，观课议课的校本教研形式改变了过去听课评课的尴尬和窘况，仿佛开渠引入了教研活水，让教研组或备课组走向更接地气、更有活力的高品质研修，让校本教研真真正正地为课堂教学赋能，为教师专业成长赋力。从"听课评课"到"观课议课"，于学校就是构建一种宽松而自由的研修环境，形成一种"文化场"；于教师则是构筑一个可以锤炼自由之精神和独立之思想的登高望远的"观景台"。

为拓宽观之视角、议之视域，岭南师范学院附属中学注重交流合作，不仅和澳门氹仔坊众学校结为姊妹学校，而且先后和新疆石河子中学、广西河池都安高中成为"结对帮扶"兄弟学校。还先后和英国、澳大利亚、印尼、泰国等国外的学校，北京、上海、江苏、浙江、山东、甘肃、黑龙江、湖南、广东、江西、西藏等国内的学校开展"同课异构"等教学交流。每年都举行一次"激情五月·诚真教育·高效课堂"为主题的教育教学开放日活动，邀请兄弟学校一起开展同课异构活动，一起进行观课和议课，共同寻找和打造更高品质的课堂教学。

其四，以精准教学提高教育的质量

作为一所完全中学，我们既要接受中考的考验，又要面对高考的挑战。无论是中考还是高考，都是对学生三年学习和成长的一次检验，也是学校教育水平和教学质量的一次检阅；同时承载了学校为党育人、为国育才的使命担当，以及成千家庭和学生的期盼。这就决定了学校的中、高考不能只开花不结果，更加不能不开花、不结果。

那么，怎么让每一个初三和高三的学生都能开出芬芳的花和结出理想的果？这是岭南师范学院附属中学一直在追问和追求解决且想解决好的教育问题。我们知道，毕业班是到了要结果的阶段，是要收获的时候，为此，学校领导和教师上下同心，始终以提升教育质量为学校办学的生命线，做到"双管双研"。所谓双管双研，包括"双管"和"双研"，前者是指过程管理和目标管理的"双管齐下"，后者是指"研究学情"和"研究课堂"的"双研同行"。

毋庸置疑，提高教育质量，离不开精准教学。在教学上，岭南师范学院附属中学提出和践行"八精方略"：精心的教学设计、精细的教学组织、精湛的教学能力、精彩的课堂教学、精妙的教学方法、精超的教学艺术、精准的教学诊断和精诚的教学评价。随着"八精方略"的落实落地，课堂教学走向优质而高效，焕发出新的活力、张力和生命力，从而大大提高了学生课堂学习的积极性和主动性，进而促进学习成绩的提升。

其五，以制度督导为常态教研护航

常态教研的有序进行，既需要制度的保驾，又需要督导来护航。所以，为实现诚真教研的制度化，岭南师范学院附属中学制定了系列制度，如常规管理制度，《教学基本要求》《教研组建设与管理办法》《教学巡视制度》《教学质量监控实施方案》《公开课管理制度》《教辅资料选用管理方案》；如考核评价制度，《教育教学工作月考核方案》《教学质量评价目标管理实施方案》《基于"双主"的课堂教学评价要求》；如激励制度，《教学质量奖励方案》《教科研成果奖励办法》《课题研究管理办法》《示范教研组和优秀教研组长评选办法》。

在制度化的教研环境下，岭南师范学院附属中学教研组每 2 周会进行 1 次主题明确的教研活动，含业务讲座、课例研讨、主题研修等；而备课组每周则至少进行 1 次集中研讨活动，如集体备课、专题讲座、试题研制等。学校以"精细化管理"为工作标准，以"精心是态度，精细是过程，精品是成绩"为理念。在工作中逐步落实"成功源于过程，精彩来自细节"，要求工作的每一个步骤都精心，每一个环节都精细，每一项工作都出精品。要求教研活动的组织和策划者，从内容到形式，精心策划每一个环节，确保每一次活动有效果、有效益和有效率，从而使每一位参加的教师都有思考和收获，进而能真真切切地体验到校本教研制度化所带来的"成长福利"。

其六，以教学竞赛问道高品质课堂

教学既是学校的中心工作，又是校本教研的聚焦地，还是教师修炼专业能力和赢得职业尊严的主阵地。为了快速提高教师的教学能力和水平，以及提升集体备课的质量，岭南师范学院附属中学既注重开展校内的教学比赛，又重视组织教师参加各级各类教学比赛。通过教学竞赛，寻找基于诚真教育思想下的高品质课堂，为学校走向高品质发展提供前期的探索经验和实践素材，同时挖掘和培养高品质课堂领军教师。

为落实《教育信息化2.0行动计划》和《中国教育现代化2035》的文件精神，2019年学校组织开展"融合创新"课堂教学比赛。2020年针对线上教学的实践，举办了全校性的线上教学比赛，以创造机会给教师进行线上教学优秀课例的展示和交流。除了评出不同等次外，学校还对优秀选手授予"线上教学能手"称号，同时组织评委对每一位选手的课进行全面分析，指出优缺点和提出建议。这样的做法，很受教师的欢迎，能精准"导航"教师的成长。

在追求高品质课堂上，我们不做"井底之蛙"，而是积极走出去，鼓励和支持教师到不同的舞台去赛课。每年，岭南师范学院附属中学都会组织教师参加省、市级青年教师教学能力大赛、中小学实验教学说课比赛，教育"双融双创"行动暨教育教学信息化交流展示活动、教具制作比赛等。在这些比赛中，教师的潜能得以挖掘，思维得以拓宽，能力和格局得以提升，特别是教研组集体备课的力量得到充分发挥。不论是市级比赛还是省级比赛，岭南师范学院附属中学教师常常是一等奖获得者，如2020年第二届湛江市青年教师教学能力大赛决赛一等奖、2020年广东省中小学实验教学说课活动一等奖，2019年和2020年省、市教育"双融双创"行动暨教育教学信息化交流展示活动一等奖获得者都有岭南师范学院附属中学教师。

其七，以课题研究强壮教师的臂膀

课题研究是教师修炼研究思维和提升解决问题能力的有效途径，是教师拔节成长的必由之路和必经之路。为鼓励广大教师积极开展课题研究和发表成果，学校领导班子和中层领导率先垂范，带头积极主动申请、开展和指导各级课题研究，营造了非常浓厚的课题研究氛围。岭南师范学院附属中学在2010年出台《教科研成果奖励方案》，启动"校本小课题"立项申报工作，制定《课题研究管理方案》。我们以课题研究为寻找理想课堂抓手，引导教师以研究的状态去反思和改进教学。特别是校本小课题的立项与研究，从教师课堂教学中的困惑与问题出发，通过教师小团队的实践与探讨，尤其是以课例和主题为载体的研讨，有效促进教师的共同提升。

学校每学年都对这些研究成果进行评审，在全校推广先进的经验与成果。当省、市级课题申报的机会降临时，学校就指导这些校本课题组将自己前期的探索成果进行整理，提出新的研究方向和思路，优先推荐申请省、市级课题。因为所申请项目有前期的研究积累，所以岭南师范学院附属中学申报通过立项的项目在全市领先，如2018—2020年教师申报的课题被立项为省、市级课题高达40项，同时顺利结题的课题有39项。

近年，教师先后出版《诚真教育》《教师的生命成长》等著作10多部；荣获省、市级以上教育教学成果奖30多项，如在湛江市第三、四、五届基础教育教学成果评选中，岭南师范学院附属中学共有15个项目获奖，其中一等奖5项，二等奖10项。同时，岭南师范学院附属中学还是湛江市首个广东省基础教育教学成果奖特等奖和国家级基础教育教学成果奖二等奖的源发地。

其八，以名师引领指路教师的成长

名师是教师队伍中的标杆和榜样，是教育教学理论的先行者、教学实践的成功者、铸魂育人的示范者和青年教师专业成长的指路人。岭南师范学院附属中学历来注重名师的培养，也是经常出名师的学校。湛江市第一个广东省名校长工作室主持人、广东省名教师工作室主持人和广东省名班主任工作室主持人均出自这里。岭南师范学院附属中学先后为岭南师范学院、湛江市教育局输送12名专家型教师和学科教研员。目前，湛江市教育局超过一半教研员都是从岭南师范学院附属中学成长起来的。2018—2020年建设期间，学校拥有省级名师工作室6个和市级名师工作室12个，数量为全市最多，在全省也不多见。

众所周知，如果有人指引，那么教师的成长肯定可以少走很多弯路。为了发挥好名师的示范引领作用，一方面鼓励教师积极申报省、市级"三名"（名校长、名教师、名班主任）工作室主持人；另一方面制定《"三名"工作室的管理办法》，实现工作室建设制度化和标准化，同时成立工作室研学共同体，以理论学习、教育教学研讨、课堂观察、网络研修、主题沙龙、专家引领为主要的研修形式，多渠道开展自主研习、集中研修、专题讲学等教研活动，领航广大青年教师的专业成长。

为发挥好"名师效应"辐射作用，岭南师范学院附属中学的"三名"工作室在具体建设上做到"五个一"，即带一支团队、研一个课题、做一次展示、建一个网页和出一批成果。通过名师引领，以研讨会、报告会、名师名班主任讲坛、公开课、主题班会、课堂诊断等形式，传播先进的教育理念和教学方法，帮助教师解决教与学过程中的难题，充分发挥名师的作用，形成名优群体效应，促进教师的专业成长。

其九，以阅读写作丰盈教师的思想

阅读和写作，可以增长教师的知识和才智，开阔教师的眼界和心胸，滋养教师的精神和气质，拓宽教师的阅历和生命，让教师听见古今中外的教育声音和发出自己的教育声音，从而让教师重装自己的思想系统，形成有自己独特见解的思想和智慧。学校依托全国读书育人特色学校的优势，每年都会为所有教研组订购专业期刊、报纸和图书，引导广大教师爱上阅读，走上写作之路，为教育的发展分享自己的教育观点和教学主张。

如果阅读是一种"输入"，那么写作就是一种"输出"。要让教师有源源不断的"输出"，就需教师有源源不断的"输入"。对此，岭南师范学院附属中学信之，行之。教师不仅阅读学科专业书籍，而且读教育学、心理学、哲学、管理学等图书，比如，苏霍姆林斯基的《给教师的建议》、杜威的《民主主义与教育》、福禄贝尔的《人的教育》、怀特海的《教育的目的》、帕克·帕尔默的《教学勇气——漫步教师心灵》、马斯洛的《自我实现的人》、佐藤学的《静悄悄的革命》、玛丽·凯的《掌握人性的管理》、冯恩洪的《创造适合学生的教育》、魏书生的《班主任工作漫谈》、雷夫的《第56号教室的奇迹》、佐藤正夫的《教学原理》……

有了思想和实践的积淀，教师发表文章就是水到渠成的事。随着思想境界的提升和表达能力的提高，教师发表文章的刊物从市级到省级再到国家级，乃至全国权威期刊和核心期刊。近年来，教师先后在《中国教育学刊》《人民教育》等全国中文核心期刊发表论文200多篇，全国权威和核心期刊40多篇，2018年被人大复印报刊资料全文转载的论文4篇。

其十，以成果评选分享教研的亮光

提炼成果是教师走向专业发展的印记，而分享成果则有利于促进教师群体的发展。为鼓励教师自觉地参与校本教研，主动申报和开展课题研究，踊跃参加各级教育教学比赛，积极提炼研究成果和发表论文，甚至出版研究著作，2011年就试行《教科研成果奖励办法》。

根据"奖励办法"，教师结题的课题项目、出版的著作、发表和获奖的论文、获奖的课例和课件、开发的校本课程和教育教学资源，以及获得各级教育教学成果奖的研究成果，每年都可申报学校年度教科研成果奖，学校教研中心依据评选标准进行成果认定，然后给予相应的奖金进行奖励。

对评选出来的优秀成果，学校通过公布栏、宣传栏、官网、微信群、公众号等多种渠道，加强教师优秀成果的宣传和推广，甚至组织专题报告会，让获得优秀成果奖的教师面向校内外教育同行进行分享和交流，如让省、市级教育教学成果奖获得者分享经验，让各类教学比赛一等奖获得者分享备赛和应赛的经验，让优秀论文发表者分享文章的撰写与投稿，让课件、微课等教学能手获得者介绍制作技巧，让出版著作的教师讲述自己的教育思想和教学理念，让课题结题者介绍课题研究的经过、收获和体悟。

上述的这些成果分享活动，于分享者来说，是荣誉，是肯定，是鼓励；于听者而言，是学习，是激励，是幸福。加上学校"至诚至真"的核心理念、"自律自强"的精神导向，使"诚真教研"焕发出"教研为人人，人人乐分享，人人共成长"的教育景象，从而让教师遇见校本教研独特的亮光，进而鞭策和引领教师更茁壮地成长。

第六辑

读懂自己：
教师成长的关键

"你既然选择了当教师，你就选择了高尚，你就必须用高尚的标准来要求自己，用一个人民教师的良知来告诫自己。"

——于漪

为师的境界

在佛家眼中，人生有三境界，第一境界是"看山是山，看水是水"；第二境界是"看山不是山，看水不是水"；第三境界是"看山还是山，看水还是水"。但我认为，人生还存在第四境界，"看山既见水，看水又见山"。同样，为师也有四境界。

第一境界是"会人之师"

这里的"会"是"相会"或"交会"的意思，说明教师工作的对象是人，教师所从事的是"人的教育"的职业，教师是培育人的生命成长和个性发展的人。显然，与教师交往最为密切频繁的人是学生、教师和家长。因为不同的人有着不同的生活习俗，有着自身喜好的言谈内容和方式，所以处于这一境界的教师，需要具有基本的礼仪修养和人际交往能力。

第二境界是"惠人之师"

"惠人"即"惠及他人"，同时包括"惠及本人"，亦即教师的成长和教育教学工作既"利他"又"利己"。教师不必像蜡烛那样，只有燃烧自己才能照亮学生。教师自身的光和热不但可以温暖学生，而且可以滋养自己，甚至还能帮助家长或影响其他教师。无论是在课堂教学过程中，还是在日常生活的交往中，"惠人之师"都能给予他人温暖和关心，都能让他人感受到被尊重，并从中获益。就这一境界来说，师者，乃是施惠者也。

第三境界是"慧人之师"

"慧人"就是"给人以智慧"的意思。当然，"慧人之师"肯定"惠及他人"，但其最重要的表征是使人"慧"。如果说"惠人之师"是让学生学会什么和得到什么，那么"慧人之师"就是让学生生成什么和觉悟什么。如果说"惠人之师"给予学生知识、技能和方法，那么"慧人之师"则能使学生受到启发，激活思维，生发思想，从而开悟、顿悟、觉悟。"慧人之师"是真正的教育大师，是智者之师。

第四境界是"会人之师"

这里的"会人"是指"会相人"或"会看人"的意思。此境界的"会人之师"又称为"伯乐之师"。其最突出的能力特征，一方面，能发现人的优势，对人的成长和未来发展有预见性；另一方面，能精准诊断学生学习存在的问题，并提出合理的破解之道。这种境界的教师，慧眼识才，慧能育人，是学生成长最好的引路人。

总之，国之栋梁关键在教师，国之未来寄望于教师。为教育，为未来，为自己，教师都要不断地成长自己。教师只有让自己成长，才有力量迎接生命中的风雨；教师也只有成长为更好的自己，才能成就更好的教育，才能创造更加美好的未来。

教师究竟要传何道

韩愈在《师说》中说："师者，所以传道受业解惑也……道之所存，师之所存也。"习近平总书记也指出，教师第一位是"传道"。那么，教师究竟要传何道？在我看来，教师至少要传为人之道、为学之道、为事之道和为世之道。

为人之道

为人，即做人。做人是做事的前提，是人生一辈子的命题和必修课，是教育的根本目的。对中国学生而言，用教育家陈鹤琴先生的话来说就是要"做人，做中国人，做现代中国人"。这样的人，要有"健全的身体、创造的能力、服务的精神、合作的态度、世界的眼光"。用现在的话来说，就是要做具有"中国立场、家国情怀、国际视野、责任担当、德才兼备、身心健康"的全面发展和个性成长的中国公民。

那么，教师如何传好为人之道？

第一，教师要读懂人。在这里，"读懂人"主要是指读懂学生，即教师要掌握所教学段学生所处的生命周期的生理、心理、思理和学理的特征，知道其真实的成长需求和发展需要；认识学生既是情感的又是理智的，既是相对稳定的又是时刻变化的，既是有所好的又是有所恶的，既是有所长的又是有所短的；走进学生的心灵，倾听他们的心声，了解其过去，清楚其现在，预见其未来。因为每一个人的心态、姿态和样态，都离不开其所处的生态。

第二，教师要重育人。育人即教师要不断地通过言传身教、学科教学、教育活动等途径来帮助学生的生命成长，使其人性得以强化、德行得以修炼、悟性得以提高、慧性得以增长。这说明，在育人的过程中，教师要正其心、正其气、正其行、正其言和正其容，从而使学生明正道、信正道、行正道、守正道和弘正道，进而懂得和践行"己所不欲，勿施于人"的做人哲学。《礼记·大学》中有云："欲修其身者，先正其心；欲正其心者，先诚其意。"故，教师要正学生之心，须先诚其意。

第三，教师要尚立人。我理解的"立人"，是指"使人独立"的意思。教师应让学生习得做人的独立之道，使之不但在思考和思想上，而且在人格和精神上，都能做到独立，还能在生活上学会自立和独处。当然，不同教师所教的学段不同，且时间有限，也许不能让学生在其任教期间实现真正独立，这很正常；但是，教师应帮助学生成为独立的人而养成其所在年龄段必备的核心素养。

因此，教师应教会学生无论是身处顺境还是逆境，无论是心感幸福还是悲伤，无论收获成功还是失败，无论是拥有健康还是病痛，都能活出人之生命应有的坚强模样。

为学之道

为学，在这里有求学、学习、读书、做学问等之义。也就是说，教师既要教会学生掌握学习之原理与规律，又要让他们明晰求学或读书之目的，树立为学之理想与志向，还要修炼做学问之道心。王阳明说："故立志者，为学之心也；为学者，立志之事也。"少年时期的周恩来就立下"为中华之崛起而读书"的志向。《礼记·大学》开篇的第一句话就说："大学之道，在明明德，在亲民，在止于至善。"

那么，教师如何传好为学之道？

第一，教师要让学生认识何谓学习。在何谓学习上，无论教师还是学生，都应深刻认识到：学习是人的本能，是人的终身需要，是人的生活常态，是人的成长阶梯，是人的蜕变力量。当然，有目的、有指导的学习和无目的、无指导的学习是不同的；有意义学习和无意义学习、高效学习和低效学习、深度学习和浅层学习、系统学习和散碎化学习、主动学习和被动学习也是不同的。可以肯定的是，学习是需要学习的，学习是存在层次之分的。大抵上，学习包括一窍不通、一点就通、触类旁通、无师自通和融会贯通五层境界。

第二，教师要让学生明确为何而学。在为何而学上，"人不学，不知义"。人民教育家陶行知说："千学万学，学做真人。"诸葛亮在《诫子书》中说："非学无以广才，非志无以成学。"求学、学习或读书一方面要修身、养性和正心；另一方面，还要有"立己达人"的宽广胸怀和"齐家、治国、平天下"的远大志向。这说明，人之为学要联结自我和他我、小我和大我，要对接国家之前途、民族之命运和未来之发展，要连接当下生活和将来更高质量的生活。这就意味着，学以成人，学以达志，学以立业，学以报国。

第三，教师要让学生懂得如何问学。在如何问学上，学贵有"五"：一是学贵有疑，二是学贵有思，三是学贵求真，四是学贵有恒，五是学贵致用。陆九渊说："为学患无疑，疑则有进，小疑则小进，大疑则大进。"孔子曰："学而不思则罔，思而不学则殆。"《曾国藩家书》中有言："不深思则不能造于道，不深思而得者，其得易失。"朱熹说："为学之道，莫先于穷理；穷理之要，必在于读书。"学须有恒，不能"三天打鱼，两天晒网"；只有功夫深，铁杵磨成针。学如食也，需化之以为用。正如袁枚所说："蚕食桑，而所吐者丝，非桑也；蜂采花，而所酿者蜜，非花也。"

总之，在为学的道路上行走，我们应以勤为径、以苦为舟、以梦为马，并坚持学做合一、学思共生、终身学习。

为事之道

为事,又称做事。一个人不仅要学会做人,而且要学会做事。从某种意义上说,人学会做人和为学,是为了更好地做事,并把事做得更好。做事,是一个人实现生命价值、人生意义的必由之路和必经之路。如果说做人是教育的根本目的,那么做事就是教育的核心目的。好的教育就是要培育一批又一批想做事、能做事、敢做事和会做事的人。这就决定了在学生的生命成长中,教师不仅要传为人和为学之道,还须传为事之道。

那么,教师如何传好为事之道呢?

第一,教师要教会学生懂事之大小和难易。事之大小,关键在厘清,并付诸以应有的对待。就学生而言,何谓大事?何谓小事?毋庸置疑,认真学习、健康成长是大事;吃喝拉撒、油盐酱醋是小事。有人说:"大事决定人生的格局和生命的气象,不可含糊;小事是生活的源头,左右人生的走势和生命的长势。"故,学生既要重视大事,也不要忽视小事。大事见人之能力、意志和格局,而小事则见人之品德、修为和胸襟。老子在《道德经》中曰:"天下难事必作于易,天下大事必作于细。"清代彭端淑说:"天下事有难易乎?为之,则难者亦易矣;不为,则易者亦难矣。"所以,教师要让学生坚持在为事中学习、磨炼和成长,并可先从易事、小事做起,而后达做大事、难事之境界。

第二,教师要教会学生识事之轻重和缓急。由于时间和精力都有限,学生难以事事兼顾,也没必要事事全力以赴。根据管理学上的四象限法则,学生要做的事情可分为既重要又紧急、重要但不紧急、不重要但紧急、不重要不紧急四类。对既重要又紧急的事情,比如上课和考试,最好的方式当然是优先处理、马上去做;对重要但不紧急的事情,比如学习和生涯发展,应未雨绸缪,学会制定计划并按计划进行落实;对不重要但紧急的事情,比如接打电话,尽量少做；对不重要不紧急的事情，比如逛街，应尽量别做。在处理事情的顺序上，既重要又紧急的优先，重要但不紧急的次之，不重要但紧急的再次之，最后是不重要不紧急的。

第三，教师要教会学生行事之道理和道义。无论事之大小、难易、轻重或缓急，都有其道理，都应守其道义。在道理上，教师要教导学生做事要遵守事之法则，按照事之规则，秉行事之原则，即依法按规，循序渐进，先易后难，从小到大，并因地制宜。在道义上，教师要教会学生领悟并笃行"勿以善小而不为，勿以恶小而为之"的做事信条，以一颗诚善、认真、负责、细致的心，好好地做事，做好事、真事和善事。

为世之道

为世，即处世。从根本上说，人之为人、为学和为事，都是为了更好地为世。换言之，学生学会了为人、为学和为事，就能更好地处世。何谓处世？处世在这里的内涵有二：一是与世人相处；二是与世界相处。歌德说，人不能孤立地生活，他需要社会。马克思指出，人的本质是一切社会关系的总和。所以，教师要给学生传为世之道，使之找到畅游世界的"活水"。

那么，教师如何传好为世之道？

第一，教师要引导学生看见世界。所谓看见世界，用电影《一代宗师》中的经典台词来说，就是"见自己，见天地，见众生"。也就是说，教师要逐步引导学生既要看见世界中的自己，又要看见世界中的国家、民族、社会和自然环境，还要看见世界中的他人和其他生命，从而找到自己在世界或社会或生活中的坐标。有了这样的坐标，学生就容易看清自己的世界和世界中的自己，从而为其融入世界奠定基础。

第二，教师要教导学生融入世界。人的出生，只意味着来到这个世界，但要做到真正融入世界，还要不断地学习和修炼，教师应教导学生领悟其道、尊其道和行其道,这里的"道"主要是指与人交往的相处之道。如果把人看作鱼,那么世界就是水,人只有融入世界才能如鱼得水。诚然,学生之今天和未来都担任着不同的社会角色,所以教师要传其相应之道,比如个人对国家的"担当"之道、子女对父母的"孝敬"之道、待人接物的"礼仪"之道,又比如夫妻之间的"包容"之道、团队之间的"合作"之道、朋友之间的"真诚"之道。

第三,教师要指导学生做和谐世界的使者。学生不仅要看见世界、融入世界,还帮助世界更和谐。所以教师要指导学生与世和谐,并成为世之和谐的促进者。《礼记·中庸》说:"万物并育而不相害。道并行而不相悖。小德川流;大德敦化。"费孝通说:"各美其美,美人之美,美美与共,天下大同。"所以,教师要教会学生"和世"之道,使之学会理解、尊重、包容、接纳、和合的处世哲学和智慧,从而德行于世间。

读懂自己:教师成长的关键

一次全市青年教师教学能力大赛总决赛时,在"教育教学即兴演讲"环节,让选手对教育家陈鹤琴先生的教育名言"没有教不好的学生,只有不会教的老师"谈自己的体会。一位青年教师既惊讶又疑惑:"这句话真的是陈鹤琴先生说的吗?这句话不是错误的吗?"赛后她问我,希望我谈谈对这句话的理解或看法。

陈鹤琴先生是我国著名的儿童教育家,主张"活教育"。在《陈鹤琴教育思想读本·活教育》中说："'活教育'的教育目的在培养做人的态度，养成优良的习惯，发现内在的兴趣，获得求知的方法，训练人生的基本技能。"如果陈鹤琴先生真说过"没有教不好的学生，只有不会教的老师"这句话，那么也是基于活教育的教育目的这个前提。在这样的背景下，"没有教不好的学生"中的"好"就不是指考试分数高低问题，也不是说考上什么名校的问题，主要是指"做人的态度""优良的习惯""内在的兴趣""求知的方法"和"人生的基本技能"。这与我国当前基础教育凝练的核心素养是一脉相承的，不是说一定要考到多少分以上才算好，也不一定要上什么样的学校才算好，而是与之前相比，学生有所提高，有所进步，有所改善，都可算教好了。

作为教师，无论是过去的、当今的，或者未来的教师，都应"会教"且"教会"学生如何做人，如何养成好的习惯，如何发现自己的兴趣，如何习得求知的方法和人生的基本技能。用现在的教育话语来说，教师无疑要帮助学生养成核心素养，从而促进他们的发展。

在我看来，好教师既会教，也不会教。前者很容易理解，如何理解"不会教"？我认为，好教师不但不会教学生伪知识、假真理，而且不会教学生坏习惯、恶态度，还不会教学生不孝敬父母、不与人相处，否则就枉为人师。即使有些学生、有些问题、有些内容，教师真的不会教或教不会，都属于正常的教育现象，因为人的认知、能力等方面都是有限的。面对这种现象，青年教师或中老年教师都不必怀疑自己的教学能力和教育水平，也不必因此而感到懊恼或愧疚。因为一个人的成长除了受学校教育影响外还会受家庭教育、社会教育和自我教育的影响（即使在学校，也会受到不同教师和同学等的影响），所以教师做到量力而行、尽力而为、不负使命就好。教师要自觉地不断成长自己，才能为学生提供更好的教育。正如中国人民大学周濂教授所说："你永远都无法叫醒一个装睡的人，除非那个装睡的人自己决定醒来。"

"没有教不好的学生，只有不会教的老师。"这句话是不是陈鹤琴先生说的并不重要，重要的是教师能够领会这句话的真正内涵和说此话者的目的。在特定的情境中，当赋予了相应的内涵，这句话有其合理性。当所说情境和所指内容不同，这句话也存在局限性。教育家苏霍姆林斯基在《和青年校长的谈话》一书中说："某一教育真理，用在这种情况下是正确的，而用在另一种情况下就可能不起作用，用在第三种情况下甚至会是荒谬的。"根据这样的逻辑推理，在某种情况下不起作用或荒谬的教育理念，在另一种情况下也可能会发挥作用，是正确的。所以，教师要理解好这句话，不应从字面上"断章取义"，不能从某些个案或不同情境及目的去评判其正确性。这句话应是对自我的要求和激励，不应是评价教师的标准。

我想对青年教师说的是，不管是读教育名言还是读教育名著，或者读名师名家，最重要的还是要读懂自己，因为读懂自己是教师成长的关键。那么，读懂什么？比如读懂自己的"会"与"不会"，从而明晰自身成长的方向和从教发力的地方，然后用"师会"教"生不会"，同时以"生会"突破"师不会"，进而实现师生教学相长。读懂自己，教师要学会反思，要懂得从"学"的维度找到"教"的思路和出路，也要认识到教师人人都是学习者、专业者、德育者、美育者和研究者。

好教师的底色和姿态

好教师成就好教育，好教育需要好教师。习近平主席在 2016 年的教师节说:"一个人遇到好老师是人生的幸运,一个学校拥有好老师是学校的光荣。"那么,好教师是什么样子的?好教师的底色是什么?关于这些问题的思考与追问,对培育和提升我国教师教育教学水平有着深远的意义。我以为,好教师的底色是"诚"和"善"。

"诚"是指真实无妄的本心。孔子认为,真实无妄的本心就是天道的本心,能够成全万事万物。《中庸》提出:"唯天下至诚,为能尽其性;能尽其性,则能尽人之性;能尽人之性,则能尽物之性;能尽物之性,则可以赞天地之化育;可以赞天地之化育,则可以与天地参矣。"教师之"诚"包括对国家的忠诚、对教育的赤诚、对生活的热诚、对学生的真诚、对他人的实诚,以及对生命的虔诚,并遵循天之道、地之道、教之道和人之道。即按照自然的规律、教育的本质规律和人生命成长的规律进行教书育人。能做到"诚"的教师,就会热爱教育、信仰教育,相信教育能创造未来、相信教育能为孩子幸福成长奠基、相信教育可以为国家乃至世界培育栋梁。比如,当代教育家顾明远先生自从选择了教育,就爱上了教育,并把它当作一种使命,甚至生命一样来对待,即使到了耄耋之年,依然为中国基础教育的发展鼓而呼,其所著的《中国教育路在何方:顾明远教育漫谈》更是体现了他的拳拳之心。又如,当代著名教育改革家魏书生当初为了能当上教师,在 6 年时间里先后写了 150 多次申请,足见他对教师职业是多么热爱和向往,教育在他的心中就如信仰般执着和坚定,就如生命般珍贵和珍惜。

"善"的本真是善于心、善于言、善于行。教师之"善",包括善于教、善于思、善于问,也包括善于学、善于道、善于人,同时能以己之"善"帮助学生发现"善"、生长"善"、传递"善"。能做到"善"的教师,眼中有学生、心中有生命,坚守"有教无类"和"润物细无声"的教育路径,能真诚而友善地帮助和引领学生向上向善成长。例如,面对打人的学生,人民教育家陶行知先生没有做出任何批评和惩罚,而是在尊重事实和生命的基础上,发现生命的"善",并通过自己的"善",巧妙地用"四块糖"成功点燃了学生的"善"灯。

又如，面对摘花的小女孩，苏联著名教育家苏霍姆林斯基不仅没有生气，还在了解实情的基础上，自摘两朵大玫瑰花送给小女孩，从而守护住孩子的爱心和善根。再如，知道自己的爱狗被学生麦克劳德等宰杀的英国韦乐登校长，为了保护学生的"善点"，经过考虑，最后"善意"地"罚"麦克劳德画出一幅人体骨骼图和一幅人体血液循环图，从而成就了一位著名解剖学家和诺贝尔奖获得者。

总之，"诚"和"善"构成了好教师的生命底色，无论是"学界泰斗，人世楷模"的蔡元培、"没有爱就没有教育"的霍懋征，还是倡导"活动教育"的顾明远、书写"情境教育"奇迹的李吉林，又或者是"为了自由呼吸的教育"的李希贵校长、"教文育人"的于漪老师……从他们的身上，我们不难发现，好教师都流动着充满教育情怀和生命暖意的"诚"和"善"的色彩。

此外，好教师还应有以下姿态。

一是好教师"要站起来，也要坐下去"

国之栋梁关键在教师，为师者不能"跪着教书"，而要"站着树人"。站着，是教师应有的专业姿态。站着的教师，才能挺直教育的脊梁，才能看到人生命成长的远方。卢梭说："在敢于担当培养一个人的任务之前，自己就必须要造就成一个人，自己就必须是一个值得推崇的模范。"这样的人或模范，就是"学高为师，身正为范"。故而有云"学为人师，行为世范"。范者，贵在学高，根在德高。"坐下去"，就是说教师要"俯下身来"，与学生为伍，与学生为伴，并成为"学生"，同时，坚守学生立场，根据学生思维和认知规律来传道、受业和解惑；以及静下心来，让育己和育人相互辉映，共同出彩。

二是好教师"要听得见，也要听不见"

教师要听见所能听到的声音，也要听见听不到的声音，尤其是要听懂来自学生内心，来自国家和社会当前发展需要的"心声"，且要听明来自学生、国家和社会未来发展需求的"音弦"，就像历史学家一样能听见穿越历史时空的回响，就像未来规划师一样能听到来自未来的召唤。在听见的境域里，教师要发现并引导学生发现成长的欢歌，生命的温热，真理的慧火，从而使彼此的生命都拥有一段心潮澎湃的有意义且有意思的生活。有一些声音，虽然你听到，但也要听不见，不然它可能会干扰你的价值判断，占用你的时间，影响你的心情，甚至消磨你的意志，从而阻碍你的前行。

三是好教师"要说得了，也要憋得住"

教师语言是师生关系沟通的重要桥梁，是帮助学生学习知识、化解疑难、启发智慧的重要纽带。"说"，既是教师的专业职能，又是教师的专业法宝。显然，好的教师语言能调动学生积极思考，成为他们主动学习的"兴奋剂"，这样的语言，精炼简洁，条理清晰，逻辑性强，既生动形象，幽默风趣，又声情并茂，充满感情。苏霍姆林斯基告诫教师说："教师决不可当着孩子的面，毫无顾忌地评论某些学生和教师。"所以，教师不但要能说、会说，也要憋得住，不要什么都说，不要想什么时候说就什么时候说，除了要把握说的方式、方法和技巧外，也要把握好说的内容、时机和场合，更要拥有不说的教育艺术和教育智慧。

四是好教师"要扛得起，也要放得下"

教育既是民生，又是国家战略；既关乎个体成长、家庭幸福，又关乎社会发展、国家和民族的命运前途。教师要"扛得起"国家和教育赋予的使命、责任和担当，从"战略"的高度耕织教育教学的田野，全心全意培育"大德大爱大情怀的人"。"放得下"，于教师而言，其内涵有三：一是要放得下"名利"，有教育理想和教育信仰，有超越物质和金钱以外的人生追求；二是要眼中容得了"沙子"，心中允许"错误"和"失败"，用尊重、包容和期待的心对待学生的差异，用发展的眼光看待学生的成长；三是放得下"一本正经"和"身份"，脚踏实地，紧接地气，让教育充满生机和活力。

教师为何要有自己的思想

在回答这个问题之前，教师不妨先问问自己，自己想成为教育的奴隶吗？想拥有教师的职业尊严吗？"奴隶之所以是奴隶，乃是因为他的行为并不代表自己的思想而是代表别人的思想。"哲学家柏拉图如是说。思想家马克思说："能给人以尊严的只有这样的职业，在从事这种职业时，我们不是作为奴隶般的工具，而是在自己的领域内独立地进行创造。"如果你不想成为教育的奴隶，同时又想拥有教师的尊严，乃至可以独立地创造自己的教育生活，那么你就要有自己的思想。

也许，你会追问：思想究竟是什么东西？在心理学上，思想是客观反映在人的意识中经过思维活动而产生的结果，是人们一切行为的基础。在思想家和哲学家看来，思想是人的灵魂，是"推动自己和全人类生活的力量"。在作家眼里，思想是"生活旅行的导游"。而我认为，如果"教育的本质是一朵云推动另一朵云，一棵树摇动另一棵树，一个灵魂唤醒另一个灵魂"，那么思想就是推动那朵云的"云"，就是摇动那棵树的"树"，就是唤醒那个心灵的"心灵"。就教育场域而言，思想是为人为师的根本，是通往心灵的桥梁，是穿越时空对话的通行证，是登高望远的阶梯，是构筑教育大厦的支柱，是照亮课堂教学的灯塔。

那么，思想到底有什么用呢？巴尔扎克说："一个能思想的人，才真是一个力量无边的人。"在作家歌德的字典里，我们的生活就像旅行，如果没有思想这个导游，那么一切都会停止，目标就会丧失，力量就会化为乌有。不论是我们的生活，还是我们的生命，或者是我们的事业，都不能没有力量，特别是思想的力量。否则，教师的从教生涯将会因缺乏那朵推动云的"云"而导致不能推动云，或因缺乏摇动那棵树的"树"而无法摇动树，或者因缺乏唤醒那个心灵的"心灵"而不懂唤醒心灵。倘若如此，教师何以唤醒心灵？何以教化生命？何以耕种森林？何以撒播光芒？何以搭桥铺路？何以立柱筑塔？何以建造大厦？

曾记否，2015年发生在上海的一个小男孩为一位女教师撑伞的"打伞事件"。本来就是很平常的一个小事，然而经媒体报道发酵后，却成了有损师德师风的"教育事故"。直到全国知名教育专家、学者纷纷站出来为教师、为教育说话后，事情才慢慢平息下来。后来有人根据伊索寓言故事《父子骑驴》调侃这次"打伞事件"。由于生为师撑伞被路人说"现在的老师真没师德"；师为生撑伞又被路人说："孩子一定有来头，这个老师趋炎附势"；教师自个儿撑伞还被路人责怪："现在的老师真没爱心，自己有伞，不管学生"；无奈的教师干脆把伞收起却被责骂"瞧这对师生，有伞不用，老师越教越傻，学生越学越笨了"；教师听罢只好和学生一起撑伞但又被路人私语"看，师生恋"……一把伞、一个学生和一位老师居然不知如何撑伞是好，难怪要开展"新时期，老师该怎么撑伞"师德主题学习。

教师也好，教育也罢，怎样被"流言蜚语"所"绑架"而没有自己的主见和主张？怎能被路人之声音所"牵引"而不是用自己的思想引领生命的成长？这说明，于教师、于教育，思想都非常重要，且非常需要。

如果没有思想为生命打底和导航，那么一点风浪就可能改变我们的航行，甚至一点口水就能把生命淹没。你是想被淹没，还是要在纷纷扰扰的前行中秀出自己的光泽而照人照己？当有了自己的思想，在面对上海这起"打伞事件"或类似事件时，我们就会选择不跟风，不媚众，不随波逐流，不人云亦云，不添油加醋，不煽风点火，不指桑骂槐，不纠结谁对谁错；而用教育的眼光和育人的情怀去发现其中的善意，去传递生命的美好，岂不更充满人性之光辉和思想之光亮？当看到伞下的师生，我们送上一句"师生情深"不是更有教育温度吗？赞一个"最懂得感恩的小男生"不是更有生命力量吗？学校来一场"绅士教育"不是更有教育意义吗？假如能这样，是不是比不问青红皂白地责备，或口无遮拦地用恶语撕扯无辜者的伤口，或为平息事件而盲目批评，更充满生命之温暖和教育之善思？显然，这样的假如，唯有独立之思想才能驾驭。

教育是立德、立魂、立人、立才的事业，需要厚实学生之根基，树立其正确的价值取向，以诚其意，正其心，强其筋骨，远其志向。在教育力的视域里，思想最育人，思想最致远。如果教育没有自己的思想，如何发挥"国家战略"和"民生工程"的担当和力量？如果教师没有自己的思想，如何引领学生去追求人生的诗和远方？如果学生没有自己的思想，如何在未来社会的风霜雪雨中劈波斩浪？

就教师来说，如果你拥有思想的翅膀，那么你就能成为淤泥中的荷花，甚至夜空中那颗光亮的启明星。因为思想可以塑造你的精气神，可以提升你的专业自信，可以扩大你的专业影响，可以锻造你的"金刚身"，可以炼造你的"金睛眼"，从而改变你眼界的高低、视野的宽窄、思维的深浅和格局的大小，让你见别人所未能见，想到别人未能想到。阿里巴巴创始人在湖畔大学的一次演讲中说："有些人为什么和其他人不一样——思想。哪儿不一样？看问题的角度不一样，看问题的深度不一样，看问题的广度不一样。"

有了思想的光亮，教师会变得与众不同。正是因为有了自己的思想，让教育家苏霍姆林斯基体悟"某一教育真理用在这个情况下是正确的，而用在另外一种情况下就可能不起作用，用在第三种情况下甚至是荒谬的"真理。倘若没有自己的思想，人民教育家陶行知先生怎么敢挑战恩师美国实用主义教育家杜威的权威论断"教育即生活"，而提出"生活即教育"的新论；同时，在心学大师王阳明"知是行之始，行是知之成"的基础上，而提出"行是知之始，知是行之成"的观点，并一生践行之。

陶行知和杜威、王阳明的观点，你知道孰对孰错吗？当有一天，你问学生："葡萄是甜的？还是酸的？"只吃过酸葡萄的学生甲说："葡萄是酸的。"吃过甜葡萄但没有吃过酸葡萄的学生乙说："葡萄是甜的。"既吃过酸葡萄又吃过甜葡萄的学生丙说："葡萄有酸的，也有甜的。"从来没有吃过葡萄的学生丁说："不知道。"你知道葡萄是酸的还是甜的了吗？你知道学生的回答谁对谁错吗？

思想不是空洞无物的，也不是虚幻缥缈的，理论、理念、学说、观念、观点、主张、主见等都是思想的表现形式。我想强调的一点是：有自己思想的教师，不能停留在一般意义的有想法，而是要有自己的教育主见、教学主张，形成自己的教育思想、教学理念，乃至产生教育信仰、教育信念或信条，并坚守之，实践之，传播之。

然而，今天还是有不少教师认为教学主张或教育思想都是教育名师名家的"专利"，自己没有或不敢提炼教学主张或教学思想，更加不敢说自己要成为教育家。在北京第四中学原校长刘长铭看来，这种现象是"一种精神桎梏，它在一定程度上扼杀了教师创造的能力与热情，它使得教师的工作缺乏活力，生活缺乏趣味"。

如果你想在教育教学工作和生活中有激情、有活力，并有充满创造的惊喜，那么请记住：提炼教学主张或教育思想不是名师名家的"专利"，同时也是骨干教师和普通教师的"权利"。你想想那些名师名家是因为先成其名而后有其思想，还是先有其思想而后成其名？如果你已经知道答案，那么期待你提炼形成自己的思想，你的教育，你的课堂，你的学生，将会因为你的思想更加充满力量。如果你还不知道答案，那么你需要做的是学习、学习和再学习。

教师思想力何以修炼

思想力是教师成长最核心的力量,能听见内心的声音,能看见生命的色彩,能读懂历史的弦音,还能预见未来的斑斓。当你的思想力达到某种境界时,你就能看到以往未曾看到的东西。

在我看来,教师思想力的形成与提升,离不开"读""行""思""写"。换言之,"读""行""思""写"是教师思想力修炼的四大路径,也是"四大法宝"。

读,使思想丰盈

读,就是读书,就是阅读。

阅读,是人们接受思想最直接、最简单的方法,是丰盈思想和生命智慧最常用、最有效的途径。无数的名师成长案例证明:阅读可以增长教师的知识和才智,开阔教师的眼界和心胸,滋养教师的精神和气质,丰盈教师的思想和智慧,促进教师的成长和发展,拓宽教师的阅历和生命。北京十一学校联盟总校校长李希贵的成长、成名,都离不开持之以恒的、广泛的阅读。他读陶行知,他读苏霍姆林斯基,他读雷夫·艾斯奎斯的《第56号教室的奇迹》,他读尼尔的《夏山学校》,他读黑柳彻子的《窗边的小豆豆》,他读玛丽·凯的《掌握人性的管理》,他读马斯洛的《自我实现的人》,他读佐藤学的

《静悄悄的革命》,他读克里希那穆提的《人生中不可不想的事》,他读埃德蒙·金的《别国的学校与我们的学校》,他读罗素的《教育与美好生活》,他读佐藤正夫的《教学原理》,他读彼得·德鲁克的《卓有成效的管理者》,他读拿破仑的《成功的策略》,他读戴尔·卡耐基的《人性的弱点》……内容涵盖教育学、心理学和管理学等。他读自己成长所需,读师生和学校发展所要,既广采博取,又读而化之。如《窗边的小豆豆》和《夏山学校》等描绘学生心灵成长的书让他读懂了学生,能够理解和宽容学生,并和学生一起共成长;《掌握人性的管理》让他领悟了"管理的最高境界就是让每一个被管理的人都感到自己重要"的意蕴;《人性的弱点》让他参透了"要赢得人,先理解人……她教会我学会自我调节和理解别人"的道理。

阅读助力李希贵校长一路成长。他在《为了自由呼吸的教育》一书中写道:"我真正的学习生活是从读书开始的,我真正的教育人生也是从读书开始的。读书,使我顿悟了教育;教育,使我顿悟了人生。阅读不但可以改变教师匮乏、劳累、烦琐的人生状态,而且阅读积累得越多,给孩子们攀爬的阶梯就搭建得越结实、越长远。"

真正会阅读的人,不仅读书,而且读人、读心、读社会、读动植物、读世间万物,既读纸质书,又读电子书,更读人类社会和大自然甚至宇宙等无字之书。从某种意义上来说,人生就是一种阅读。

行,使思想丰厚

行,有行动、行为、行走之意,这里主要是指行动,即实践。

教师思想力的修炼,既要读"万卷书",又要行"万里路",做到"知行合一"。

真正的名师,无不坚守教学一线,无不以实践为追求教育生命价值的路径,无不秉行"实践是检验真理的唯一标准",无不在实践中耕织教育的情怀与梦想。他们以实践为乐,以实践为荣,以实践为打开心中理想教育的钥匙。如,儿童教育家李吉林老师说:"我像农民忠实地守着自己的园地,不断地耕耘,不断地播种,不断地收获。泥土般的气息,稻谷似的芳香,仿佛又有清粼粼的河水流淌,让我享受着田园诗人般的纯净与甜美。"正是因为坚守实践,李吉林老师成功书写了具有中国特色和本土气息的情境教育思想,其光亮在中国基础教育的大地上熠熠生辉,照耀着你我的心。

教书育人工作在本质上是一种实践的哲学。教师要坚持行走在教育、教学、教研一线,用心耕耘,才能收获思想和成长的芳香。同时,思想只有根植于实践,并作用于实践,才能焕发最强大的生命力和影响力。

思,使思想丰润

思,有思考、思想、思维之意,这里特指思考。

孟子说:"心之官则思,思则得之,不思则不得也。"一个人思考力的高低往往决定了他思想力的强弱。一个有思想力的教师,具有独立思考的能力和反思的习惯。对他们来说,思考既是生命的常态、思维特征,又是生活方式、行为习惯,还是解决问题的利器。他们通过不断地思考或反思,让自己的思想变得更加丰润,充满力量。

假如一个教师没有独立的思考能力,会变成什么样呢?我们先来看看下面这个寓言故事:有一天,父子俩赶驴到集市去,途中听见有人说:"看那两个傻瓜,他们本可以舒舒服服地骑驴,却自己走路。"父亲听后觉得有道理,便让儿子骑到驴上,自己走路。过了一会儿,又遇到一些人说:"这儿子太不孝了,让父亲走路,自己骑驴,太不像话了。"父亲听后也觉得有道理,赶紧让孩子下来,自己骑到驴上,儿子牵着驴走。过一个地方,路边的行人见状,议论说:"这父亲身体还不错呀,自己骑驴,却让儿子走路,太没有爱心了。"路人说得也有道理,于是父亲干脆把儿子拉上来一起骑驴。过了一会儿,旁边的路人又说:"这父子俩太没人性了,都要把驴累死了。"

于是父子俩决定两人抬着驴走。这时正好走过一座小桥，驴子看到桥下的水，惊慌失措，掉到河里淹死了。

寓言故事《父子与驴》中的父子之所以成为人们的谈资笑料，就是因为他们缺乏独立的思考。如果教师没有思考为成长导航，那么一点风浪就可能改变生命的航行，甚至一点口水就能把生命淹没。你是想被淹没，还是要在纷纷扰扰的前行中秀出自己的光，照人照己？

用程红兵校长的话来说，教师不仅要传承优秀的传统文化，而且要严肃认真地思考。思考涵润思想，思想孕育思路，从而解决当下的现实问题，并指向未来的发展。

写，使思想丰亮

写，就是写作的意思，于教师而言多指教育写作。

纵观古今中外富有思想力的教学名师或教育名家，你就可以发现他们不仅热爱教育事业，而且热爱教育写作，并通过写作传播教育思想。写作既可以帮助教师锻炼思维和提升阅读品质，又可以促进教师深化思想认识，从而丰盈教师的思想，能让更多的人发现和分享教师的光芒。试问，如果没有发现教师的光芒，那么别人如何被教师照亮？

关于教师的写作，如写论文，有些人就质疑和反对，甚至抨击职称评审对教师论文的要求。教师与其将写作看作是要求，不如将其看作是引领专业成长的路径。全国优秀教师高万祥老师说："写作，是平庸教师与卓越教师的分水岭！"

当你坚持写作，你就能收获在其他地方无法得到的自由，这种自由仿佛让人拥有雄鹰的翅膀一样，可以自由自在地翱翔在文字编织的世界里，让人享受其中、陶醉其中，慢慢地，这种感觉就成为生命中的一种使命，一种需要。

总之，"读""行""思""写"如光，帮助华应龙老师发现了"错若花开，成长自来"的奥秘，还找到了"容错""融错"和"荣错"在教育教学中的奥妙，还体悟了"我就是数学"和"我不只是数学"的教育人生境界；"读""行""思""写"是桥，指引李吉林老师找到情境教学、情境教育、情境课程和情境学习的通联，从而书写了中国情境教育思想的华丽篇章；"读""行""思""写"似河，助推李希贵校长在追求"为了自由呼吸的教育"的道路上不断成长。如果你也能在"读""行""思""写"上不断修炼，那么你也会成为富有思想力的教师。

未来教师要有"六合"智慧

未来教师是未来社会不可或缺的专业人员，是构筑未来教育大厦的重要支撑。这里所说的未来，是指经历农耕时代、工业时代和信息时代积淀后发展起来的人工智能时代。北京师范大学未来教育高精尖创新中心执行主任余胜泉教授说："科技不会取代教师，但会用科技的教师会取代不会用科技的教师；人工智能也不会取代教师，但善于利用人工智能的教师，会取代对此一无所知的教师。"在我看来，未来教师要发挥好应有的专业价值，并凸显"教育的第一资源"的地位和作用，除了拥有正确价值观、必备知识和关键能力外，还要有"六合"智慧。

"衔合"的智慧

教育肩负着人类文化传承和发展的使命,既连接着人类的过去,又连接着人类的未来。国学大师钱穆先生在《国史新论》中说:"教育的第一任务,便是要这一国家这一民族里面的每一分子,都能来认识他们自己的传统。"这就意味着,未来教师要有"衔合"过去和未来的智慧,能让中华民族优秀传统文化在未来时代依然薪火相传,并通过符合未来发展的方式进行发扬光大,实现价值认同、思想传承和创新发展。

在日常教育教学中,不论是帮助学生对新旧知识、观念、价值观和方法论等的衔接,还是做好不同年龄、不同学段、不同学期,甚至不同课程、课型和教学方式之间(如线上教学和线下教学)的对接,教师都须有"衔合"的智慧。这是促进学生从往昔的自己走向未来理想的自己的重要桥梁,从而有利于学生成长为情理合调、心智健康、人格健全的人。所以,未来教师既要做好任教期间学生学习和成长过程的"衔合",又要帮助学生做好今后更高层次的学习和成长的铺垫。

"整合"的智慧

在课程方面,未来的教育将更加充满选择性。正如中国未来学校联盟秘书长曹培杰博士所说:"未来,学校将进入到课程生产的丰富时代,开设多种多样的课程,打造一个资源充足的'课程大超市'。"这就表明,未来教师要整合各种资源,尤其是信息化、数字化和智能化的资源,以及各类人才资源,甚至自然资源,从而为学生的茁壮成长提供品种多样、营养丰富的课程。

诚然,课程实施的主渠道和关键环节是教学,而教学在本质上是一种整合的活动。这种活动,过去以教师为中心,现在以学生为中心,而未来将走向以学习为中心。即未来的教学不是"以教师为主导、以学生为主体"的过程,而是"师生各为主体"的过程。"师生各为主体"在这里不仅仅是指"教师是'教'的主体,学生是'学'的主体",还指"教师也是'学'的主体,学生也是'教'的主体"。在未来的教学中,师既是师又是生,生既是生又是师,彼此相互学习,共同成长;师生都是课程的创建者、教学的参与者。

在角色重整、课程重组和教学重构的背景下,教师需用整合的智慧来打破角色定位、学科边界和时空限制等。

"融合"的智慧

随着科技的蓬勃发展,大数据、人工智能、互联网的不断普及,未来社会的核心驱动力将是融合创新的思维和思想,而各种科学技术和人工智能产品将为教育融合创新的发展提供无限可能。同时,随着教育个性化、特色化的不断发展和完善,各地方、各学校将形成具有本地特色、本校特点的教育思想和教学主张。因此,未来教师要具有融合不同思想、方法、技术和产品的智慧,以综合的视角和姿态为学生创造融合的高品质教育。

在课堂教学上,未来教师应懂得借助科技的力量,如大数据、虚拟现实、人工智能等新技术,开设线上智慧课堂、虚拟仿真实验、自主学习活动等,从而为课堂教学增效,为学生学习成长赋能。比如,理、化、生等学科教师可利用虚拟仿真实验室,组织学生开展他们感兴趣的各种实验。又比如,语文教师在古诗词的教学中,可通过创设智慧课堂,让情境再现,带领学生进入那时、那人、那境,并和此时、此人、此境相互融合,从而实现穿越时空的情感共鸣和思想共振。

"开合"的智慧

中国改革开放总设计师邓小平同志强调:"教育要面向现代化,

面向世界,面向未来。"中国之未来,将会是一个更加开放包容、繁荣昌盛的国家,而中国之教育,将会是更加百花齐放、更加国际化的教育。这就决定了未来教师不仅要从中国教育看国际教育,更要从国际教育看中国教育,还要从国内外教育看本地、本校教育,用一种"开合"的姿态,培育既具有家国情怀、责任担当又拥有国际视野、世界眼光的中国公民乃至世界公民,努力为人类命运共同体的构建奉献师者的智慧和力量。

所谓"开合"的智慧,是指教师对国内外各地、各校不同的文化、教育、技术及个体要有理解的"开"、尊重的"开"、包容的"开"和接纳的"开",同时对这些文化、教育、技术及个体进行当地、当下的解释与整合,从契合自身实际和适合本校师生实情出发,创造性地转化,创新性地发展,从而为学生的发展营造充满创意和诗意的教育智慧。这种智慧,既遵循"万物并育而不相害,道并行而不相悖"的哲理,又践行"共同进化,互联互通,美美与共"的处世哲学。

"契合"的智慧

在谈未来教育的使命时,阿里巴巴创始人曾说:"过去教人怎么变聪明,未来要让人怎么变智慧;智能时代千万不要把精力花在技术上、花在设备上,而是把技术、设备花在人的进步、人的感受上。"这里的"人"无疑是指具体的人,而不是抽象的人。这就提醒我们,未来教育教学的内容、目标、方式、方法和评价等方面都要契合具体学生身心发展的特征及真实需求。这无不说明未来教师要契合的智慧。

当然,这种契合不单单是契合学生身心发展的特征及真实需求,还要契合他们的思想、精神、情感和理想等。人民教育家于漪说:"要从思想上、感情上尊重学生的人格、尊重学生的个性,教师要练就敏锐的目光,善于发现每个学生身上的长处与潜力,长善救失,把隐藏的种种潜力变为发展的现实。"要做到这些,教师必须坚定学生立场，坚持研究学生，关注、关心和关爱学生，做到了解学生、熟悉学生和读懂学生，从而使之术业得以提高，情感得以滋养，思想得以丰盈，智慧得以开启。

"和合"的智慧

"和合"是中华民族在实践中形成的智慧。在未来教育的场域，教师在和学生、家长，以及同行、同事的交往中，难免会遇到冲突。这就要求未来教师要有"和合"的智慧，同时要培育具有这样智慧的未来学生，以避免冲突的升级。

在本质上，教育和教学都是生命的合唱。要在未来也能唱好这首合唱曲，就离不开每一位参与者的通力合作，这样才能把乐谱、歌词、合唱者和指挥等"和合"于一体，共同演奏出动人的生命之欢歌。显然，风雨"和合"，才能风调雨顺；国民"和合"，才能国泰民安；家校"和合"，才能同频育人；师生"和合"，才能教学相长。

未来教师应追求"为人""为师"合一和"经师""人师"合体的境界，须有"和合"的智慧。"和合"之教师，成就"和合"之教育；"和合"之教育，培育"和合"之人才；"和合"之人才，成就"和合"之未来。

教师专业成长的生命周期

教师的专业成长是一个动态过程，呈现一定的阶段性，每个阶段都有着不同的成长特征。就好像一个人出生后的成长一样，要经过婴儿期、幼儿期、少年期、青春期、青年期、中年期和老年期，其中婴儿期生长发育迅速，幼儿期模仿能力较强，青春期出现第二性征和出生后最大的生长。根据人的生命成长周期规律，我把教师的专业成长分为"婴幼期""青少年期""青年期""中年期""老年期"五个阶段。

"婴幼期"

教师专业成长的"婴幼期"又称职业适应期，是正式成为"教师"的人专业成长的第一阶段，时间为工作的第1～3年。此阶段的教师刚走上工作岗位，是新教师，是教学新手，专业成长的核心特征是"适应"。主要表现为：一是角色适应，即教师要适应从"学生"到"教师"的角色转变；二是环境适应，即教师要适应学校的新环境，包括和学校领导、年级组教师、学科教研组教师等的相处；三是教学适应，即教师要适应教育教学的基本要求和课堂教学的基本规范。因此，在职业适应期的教师应始终抱着虚心学习的态度，尽快熟悉中小学教师的职业要求、学科教学的基本要领、学科课程标准和教材内容，尽可能多地去听本学科教师的课，尤其是资历较老教师的课；同时要积极主动地参加岗前培训、新教师培训、职务培训等培训学习和集体备课、公开课、主题研修等相关的教育教学研讨活动。

"青少年期"

"青少年期"是教师专业成长的第二阶段，时间为工作的第4～10年。此阶段的教师基本上可以站稳讲台，是教学能手，工作非常积极、卖力和充满激情，尤其是评上中学一级职称的教师，专业成长的核心特征是"能力构建"，所以此阶段又称能力构建期。那么，构建什么能力呢？主要是构建学情分析能力、教材处理能力、教学设计能力、课堂组织和掌控能力、教学反思和反馈能力、专业诊断与教育能力、教研与写作能力、学生竞赛和心理辅导能力等多种能力。能力构建期是教师扎实专业能力的关键时期，是中小学教师专业成长的第一个黄金成长期，此时期教师的自觉性和主动性较高，对各种教育教学活动参与的热情高涨，能积累很多宝贵的实践知识和经验。换言之，处于能力构建期的教师专业成长很快，有机会的话，一般可以发展成为市级骨干教师。

"青年期"

教师专业成长的"青年期"又称专业成熟期，属于教师专业成长的第三阶段，时间为工作的第 11~20 年，成长的核心特征是"专业成熟"。众所周知，工作的第 11~15 年一般是中小学教师申报高级教师职称的时间段，而第 16~20 年是评上高级教师职称后的几年，此阶段的教师工作积极性更高，更容易出教育教学成果，可谓是中小学教师的第二个黄金成长期，并且专业成长的速度比第一个黄金成长期要快。有了 10 年以上实践经验的中小学教师，对教育教学的业务知识、方法和技能等都非常熟悉，课堂教学等专业工作非常娴熟，一般都形成了自己的教学风格和教学观念，对中小学教育教学有着较全面的理解和独特的见解，能比较准确地把握教学的重点和难点，可以有效针对学生存在的问题或课堂教学出现的偶发事件做出灵活的处理，对课程资源的开发和运用表现出得心应手、手到擒来。根据通常的发展规律，专业成熟期的中小学教师在专业职称上成为高级教师，在教学水平上可发展成为省级骨干教师或市级名师。

"中年期"

教师专业成长的"中年期"又称成长转型期，即教师专业成长周期的第四阶段，为教师工作的第 21~30 年。研究表明，20 年教龄以上的教师总体出现发展缓慢甚至下降的趋势,进入专业发展分化期,一部分教师的职业成就还会继续上升,尤其是那些具有专家型教师潜质的教师,常常能在此阶段实现或完成从技术熟练型的业务骨干向专家型教师的突破和提升;而另外一大部分则发展成为业务熟练型教师。根据观察,评上高级教师职称后,不想再评正高级教师职称或特级教师的教师专业成长容易出现停滞不前,甚至产生职业倦怠;而想成为特级教师或申报正高级教师职称,或者想发展成为教学名师或教育专家的教师,往往更加注重教育科研而开展课题研究,甚至出版个人教育教学专著,同时形成自己的教育思想和教学主张,对教育教学有深度的理解,在同行中起到专业示范和引领作用。因此,成长转型期是中小学教师专业成长的分水岭,即有的成为普通的高级教师,而有的则发展成为省名师或国家级骨干教师,甚至教育专家。

"老年期"

工作 30 年后的教师,在专业成长上迈进了"老年期",即教师专业成长周期的最后一个阶段:第五阶段。经历了 30 年以上教龄的教师,接近离退休的年龄,无论是普普通通的高级教师,还是特级教师、正高级教师,或者是教学名师、教育专家,因为生理机能的衰退和精力的有限,教师不可能像年轻时那样有激情,有动力,有抱负,所以此阶段又称教师专业发展的激情衰退期。处于此时期的教师淡泊名利,心态平和,在专业成长上关注年轻教师成长多过自己的成长。

教师专业成长的类型

教师专业成长，不但具有生命周期，而且也表现出不同的类型及特征。类型于教师而言，就是指教师的个性特长和成长方向。对成长中的教师来说，认清自己的个性特长和成长方向，就不会迷茫，就容易成为最优秀、最幸福的自己。而最好的成长方向，应根植生命的个性特长。就拿鸟类来说，鸵鸟就应成为"奔跑者"而不是"飞行者"，百灵鸟应成为"歌唱者"而不是"奔跑者"，所以不要让企鹅成为"飞行者"，不要让乌鸦成为"歌唱者"。"各美其美"方能"美美与共"。虽然绿萝可以通过乔木不断攀高而长，但是不要期待小草长成参天大树。根据个性特长的不同，我认为，教师大体上可以分为教学型教师、科研型教师和思想型教师。

教学型教师

教学型教师又称知识型教师，这类教师热爱课堂教学，突出对学科专业知识的传授和疑惑的解答，对学科教学的理解往往停留在个人经验的层面和学科事实的解说上。他们注重教学实践，但是教育科研意识不强，缺乏主动研究的自觉性，也很少主持课题研究，发表论文的数量不多或没有。在中小学教学型教师的眼里，课题研究、发表论文是教育专家、大学教授等人的事，自己作为基础教育一线教师，抓好教学工作就够了。可以说，他们对教育理论的价值，尤其是教育理论思想对教学实践的指导意义，认识不到位、不充分，同时也不会将自己的教学实践经验提升到理论的水平。他们阅读的书籍主要是学科教材、教学参考书和配套练习册，较少阅读教育著作和其他书籍。

在教师专业成长上，教学型教师可以沿着"教学新手—教学能手—教学名师"的成长路径和方向发展。在教学水平上，教学型教师的教学属于经验水平或理解水平。如果只停留在传授专业知识的层面，这样的教师，无论工作多少年，始终都只是一个名副其实的"教书匠"。要突破自己，教学型教师要从教学科知识、技能等走向"学科教学育人"的境界，即依托学科知识、学科技能、学科活动等进行教学育人。

科研型教师

科研型教师又称研究型教师，是指通过教育教学科研探寻教育教学规律，提高教育教学效果，并从中发现真我和成长自我的一类教师。他们热衷教育教学科研工作，相信科研能强己兴教，他们积极申报各级课题，主动开展或参加教育教学研究，常常有论文发表于报刊，甚至出版教育教学著作。他们的教学水平属于探究性或反映性水平的教学。

研究结果表明，科研型教师相信：只有拥有了"研"的阳光，才能照亮"教"的方向，也只有"研"的营养，才能强壮教师的臂膀，而"教"是"研"的对象，是"研"之意义的土壤。"研究"既是科研型教师的思维特征，又是他们的生活状态；"研究"既是科研型教师的教育眼光，又是他们的教学法宝。科研型教师不仅学识渊博，懂得教育教学的规律、原则和方法，了解学生心理发展的特点和学习的认知机制，重视倡导和践行基于研究的教育哲学，勇于开拓创新，坚持探寻教育之规律和教学之方法。他们自觉重视教育科研，对教育科学理论有着自觉的追求,能在教育教学实践的田野中不断耕耘、不断发现、不断创新,努力寻求教育教学的内在规律,并最终形成自己富有个性的教学范式、教学方法,以及形成独具特色的教学思想和教学风格。

通常,科研型教师坚持"在教学中研究,在研究中教学"。就教师自身的专业发展来看,科研型教师一般比教学型教师发展得更好更快。教学型教师普遍只是学校或当地的骨干教师,而科研型教师常常能成为学科教学专家型教师或学者型教师,有的还发展成为省教育厅或市教研室的教研员。

思想型教师

思想型教师,是指对教育教学有着独特的思考和见解,并形成自己的教育思想和教学主张的一类教师。思想型教师善于思考,也善于启发学生去思考,思考是他们生活的常态。这类教师主要表现为对教育的本质、目的、制度和方法等有正确而又深刻的理论洞察,其课堂教学富含思考的营养和智慧的甘露,能使人茅塞顿开和赏心悦目,能让人相遇生命的觉醒和顿悟,既体现学科教育的思想,又充满人生的哲理。可以说,思想型教师是成为教育家的前提。

与教学型教师和科研型教师相比,思想型教师更突出的特点是教育教学充满思想和智慧,故思想型教师又称智慧型教师。智慧型教师引导学生走路,而不是代替学生走路;智慧型教师传递给学生的知识,不仅是最重要的,而且是最需要的;智慧型教师不仅教给学生学习的方法,而且还教给学生获得学习方法的方法;智慧型教师不仅对学生的成功表示赞赏,而且能够对学生的失败表示理解和鼓励;智慧型教师不仅是最努力工作的教师,而且是最善于创造性开展工作的教师;智慧型教师最大的乐趣是在看到自己培养的学生成才的同时,自己也在不断地丰盈自己的思想和智慧。

总的来说,教学型教师善教,科研型教师善研,思想型教师善思。善教者主要着眼教学生学，善研者着力怎样更好地教和学，善思者着重让学生领悟而好学。我想强调的一点是：不管是哪种类型的教师，彼此之间没有高低贵贱之分，也没有优良中差之别，只是各自选择或擅长的育人路径、媒介和方式方法不同而已，即教学、教研和思想都可以育人。实际上，三者的根本目的都是育人。因此，"扬善育善"是教师专业成长最好的姿态和最佳的育人之道。

教师专业成长的路径

教师专业成长，不仅有生命周期和成长方向，而且也会遵循一定的路径。路径在教师成长的视域里，是从出发点沿着方向到达目的地的成长轨迹。就教师专业成长而言，我认为，存在"陆""海""空"三种路径，分别是专业教学、专业职称和专业职务三条成长路径。

"陆路"：专业教学路径

专业教学路径是一条"陆路"，沿着这条教育道路行走，教师可以成长为教学新手、教学能手、教学骨干、教学名师，甚至教学名家。这就是此路径教师专业成长的理论轨迹，不是每一个教师在从教生涯里都能走完此路径。在现实中，几乎所有教师都可到达"教学能手"这个"站点"，大部分教师能成为"教学骨干"，只有少部分教师发展为"教学名师",而成为"教学名家"的教师就更少了。

新时代教育期待教师更多、更快地成长为教学名师、名家,这就需要摸清专业教学路径上各个"要点"及其"要义"。教学名师、名家的成长,无疑需要经历教学新手、教学能手和教学骨干的铺垫和磨炼。

在时间节点上,教学新手一般需要1~3年来站稳课堂和熟悉专业规范;教学能手胜任教学和熟练专业技能则需要4~10年来锤炼;教学骨干驾驭课堂和读懂专业精神通常需要11~20年来成长;教学名师娴熟教学和生成专业思想往往需要21~30年来铸造;教学名家享受课堂和引领专业文化常常需要31~40年来经营。

在成长重心上,工作前三年,教师专业成长要重点放在"适应"上;工作前10年,教师要注重聚焦专业知识和专业能力的构建;此后,教师应致力塑造教学风格和形成教学主张,重视教学思想的提炼和专业文化的营造,发挥示范引领的带头作用,从而让教师专业成长薪火相传。

不论你是步行或骑自行车,还是驾车或乘坐汽车,或者坐火车或动车,在专业教学路径上,你都要携带好专业实践、专业阅读、专业交流、专业引领和专业觉悟等"干粮"。在自然界中,动物往往都是因食物分布而分层栖息。

"海路":专业职称路径

在专业职称上,中小学教师专业成长呈现"三级教师—二级教师——级教师—高级教师(即副高)—正高级教师(又称教授级教师)"的路径。因为教师职称与教师的工资和其他福利待遇,甚至荣誉等直接挂钩,加上职称评审中有不少"条条框框"的要求,所以,在这条路径上,不管是评上职称的教师,还是没有评上职称的教师,很多都是"一把心酸,一把泪",当然也有"一把欢喜,一把泪"的。因此,我把这条路径称为"海路"。

纵观这条路径,虽名为专业技术人员职称评审,但是评审条件是多方面的,不仅要求参评教师的育人工作、课程教学、教研科研和示范引领等专业条件达到要求,而且在思想品德、学历和资历、计算机应用能力、继续教育和身体健康等方面也要符合相应条件才可以申报,此外还会受名额比例的限制。

有竞争,就意味着有人过,有人被否。在很多时候,由于条件需叠加满足等种种因素,教师实际评上相应职称都比理论时间要长。

那么,怎样才能在这条路径上尽可能快地顺利成长呢?最好的做法无非是对照条件,早做准备。但更重要的是,教师要读懂职称评审的意旨,即教师专业成长要以德为根,教书育人,终身学习,全面发展,因为从来没有纯粹的教师,也没有纯粹的教育家,教师要用整个生命来言传身教,培育国家乃至世界的栋梁。

"空路":专业职务路径

在教师专业成长方面,专业职务路径是指"班主任—年级主任—处室副主任—处室主任—副校长—校长"这条路径。具体来说,担任班主任是专业职称路径的"硬件",例如,申报高级教师和正高级教师分别需要担任 8 年和 10 年以上班主任工作的年限,其中至少 3 年是任现职以来担任的。

当前,若不是为了评职称,不少教师是不愿意担任班主任的。倘若为了评职称而"被逼"担任班主任,当评上职称后基本上就没有再担任班主任的热情和激情了,除非是为了评更高一级的职称。"戴着镣铐跳舞",虽然精神可嘉,但很难舞动出好教育的旋律。其实,于教师而言,班主任这个"站点"还有一条分叉路,即教师可以把担任班主任作为从事教育的专业成长路径,由学校班主任向市(县)优秀班主任、名班主任,再向省级乃至国家级优秀班主任、名班主任成长。

能力出众,有良好的群众基础和教育管理才华的教师,可以沿着专业职务路径继续成长，担任年级主任、学校中层，甚至校级领导。在这条路径上，除了要具有相应条件和机遇外，最重要的有两点：一是要有服务他人的热情；二是要有统筹协调工作与家庭、教学工作与行政工作、部门与部门及教师与教师之间各种关系的能力，即管理能力。

教师从事的是专业工作，实现专业成长，这是职责，更是使命。教师需谨记：专业的价值在于服务，成长的意义在于承担。教师只有成长好自己，才能更好地承担教书育人的使命。

教师专业成长的"四重"心境

诚然，教师专业成长存在阶段性，不同成长阶段的教师，其心境是不同的。那么，怎样的心境才是和教师专业成长的阶段、水平及修养相匹配的呢？就心境来说，我认为教师专业成长有"四重"境界，即爱业、专业、敬业、乐业。

第一重心境："爱业"

俗话说："干一行，爱一行。"不管从事任何职业，每个人首先都应爱自己所选择的职业，这是做好工作的前提。在谈到自己为什么选择教师这个职业时，大多数教师都是源于自己喜欢当教师，喜欢孩子，喜欢和孩子在一起，喜欢过校园的生活，想如教过自己的教师一样通过言传身教指引学生健康成长。简而言之，就是因为爱。所以，我把"爱业"称为教师专业成长的第一重心境。

当然，也有一部分人刚开始是不想做教师的，他们由于种种因素"被迫"当上了教师，但是当上教师后，他们多数慢慢爱上教师这个职业。比如，在接受记者采访时，当代著名教育家顾明远先生透露说："我年轻的时候……没想到要当老师……19岁的我到上海容海小学，当了一年小学老师。正是这段经历，使我觉得，与天真活泼的小孩子一起很有乐趣，由此爱上了教师生活。"他还总结出"没有爱就没有教育，没有兴趣就没有学习"的教育心得。

毋庸置疑，"爱业"既是教师专业成长之基，又是教师从教之基。教育家第斯多惠说："真正的永不消失的教学热情，必须建立在对教师职业的热爱上。"可见，"爱业"的教师，才能对教育教学充满热情，才会甘愿"独上高楼，望尽天涯路"，才能以"职业"为"志业"，甚至为"事业"或"命业"。

第二重心境："专业"

教师不仅是一种职业，还是一种专业。这就意味着，教师既要做到"干一行，爱一行"，又要做到"专一行，精一行"。教师和医生、律师等专业人员一样，都要在专业上坚持学习、修炼和进步，不断地提升自身的专业知识、专业能力、专业道德、专业情操和专业精神等，从而实现专业成长，以胜任所从事的教育教学和教研等专业工作。

我想强调的一点是，作为名词的"专业"，于教师有三层内涵：一是学科专业；二是教师专业；三是教育专业。教师专业成长不能囿于在学科上的专业成长，也不能只停留在教师自身的专业成长，还应通过学科上和自我素养上的提升，使教师的教育情怀更加深厚、教育信念得以强化、教育格局得以打开，从而促进教育专业之发展。

要实现上述的专业成长，在心境上，教师应专心、专注地深耕所从事的工作，从而让自己变得更专业，这就是教师专业成长的第二重心境。《三字经》中说："教之道，贵以专。"如果教师对教育教学工作无法做到专心和专注，那么其专业成长很可能是缓慢的，甚至是停滞不前的。所以，要加快教师队伍专业化成长，学校应创造条件和营造环境，为教师打通抵达专业成长的专心之道和专注之道，即"专业"之心境。这样，教师才会潜心"众里寻他千百度"，精益求精，追求至善至美。

第三重心境："敬业"

"敬业"是教师专业成长的第三重心境，此心境属于一种"事业之心"。这里所指的"敬业"，不是一般意义上的"爱业"，而是在职业之初的"爱业"、拔节成长的"专业"等心境基础上的一种对教育事业的敬畏之心，通常具有较高的专业自觉、专业领悟和专业修养等表征，并表现为更加爱业，同时能非常自律地坚持提高自身的专业素养和专业水平。南宋理学家朱熹说："敬业者，专心致志以事其业也。"也就是说，敬业之师是已达某种专业程度的，能心无旁骛、严谨认真、全心全意地把教师工作当作事业来规划和完成的教师。

真正爱业和专业的教师，一般都是敬业的，不但能主动地履行专业职责和专业使命，而且能自觉遵循专业操守和捍卫专业精神，以至诚至真之心、之行，去落实教书育人的工作，教会学生如何为人、为学、为事和处世。

这样的教师，读懂了教师专业的价值在于促进学生自主发展、全面发展、个性发展和终身发展；体悟了教师专业的精髓在于不断成长自己，并通过自身的言行做学生生命成长的引路人。这样的教师，即使"衣带渐宽"或"为伊消得人憔悴"，也"终不悔"。比如，2021年中共中央"七一勋章"获得者张桂梅校长在发表获奖感言时由衷地说："只要还有一口气，我就要站在讲台上，倾尽全力、奉献所有，九死亦无悔！"

第四重心境："乐业"

孔子说："知之者不如好之者，好之者不如乐之者。"学习如此，为师亦如此。是故，"乐业"是教师专业成长的最高心境，即第四重心境。拥有此心境的教师，把教育当"命业"，将学生的成长或学校的发展与自己的生命、人生快乐等相联系、相结合。

从陶行知、陈鹤琴、李吉林、于漪、魏书生、张桂梅等教师的身上不难发现，"乐业"的教师，往往以从事的教育教学工作为荣、为乐，并以此来实现生命价值、人生意义，收获职业幸福，即将此视为出现"那人"的"灯火阑珊处"。比如，著名儿童教育家李吉林说："我在小学工作了整整60年，我深深地感到能和世界上最可爱、最纯真的人——儿童生活在一起，是我人生莫大的幸福。"人民教育家于漪说："站上讲台，就是生命在歌唱。"

有些教师之所以没有或无法感受到从教的幸福或快乐，主要是因为其心境没有达到"乐业"的境界，眼里看到的是教师日常工作的烦琐与无趣，而不是"心中有丘壑，眉间显山河"。那么，教师如何拥有"乐业"之心境？显然，只有以"爱业""专业"和"敬业"为铺垫，方能通往真正的"乐业"之境。我国近代思想家梁启超说得好："负责任最苦，尽责任最乐。"这表明，乐业之师，就是尽职尽责地教书育人、立德树人和以文化人，并以此为人生最大乐趣的教师。

总之，如果说"爱业"是一种"职业境界"，那么"专业"就是一种"志业境界"，"敬业"则是一种"事业境界"，而"乐业"乃是一种"命业境界"。因此，在专业成长的过程中，教师要爱职业、专志业、敬事业和乐命业。

教师专业成长的公式

教师既是一种职业，又是一种专业。要胜任教育教学的专业工作，教师必须实现专业成长。《中共中央国务院关于全面深化新时代教师队伍建设改革的意见》中明确指出："到2035年，教师综合素质、专业化水平和创新能力大幅提升，培养造就数以百万计的骨干教师、数以十万计的卓越教师、数以万计的教育家型教师。"这表明，教师要加快专业成长不仅是专业要求，而且是时代使命。

那么，教师专业成长有没有公式呢？美国心理学家波斯纳提出，成长＝经验＋反思。北京师范大学林崇德教授认为，优秀教师＝教学过程＋反思。北京师范大学肖川教授以为，教师的成长＝经验＋反思＋专业引领。这些公式不无道理，在一定程度上指引了广大教师的专业成长。

在教育界流传这样一句话："读万卷书不如行万里路，行万里路不如阅人无数，阅人无数不如名师指路，名师指路不如自己去领悟。"这句话有点意思，强调了自悟的重要性。但是，这句话不能从字面上去简单解读，不然就容易形成"读书无用论"的错误观点。也就是说，这句话不要用大于号或小于号去解读，而要用加号去品读，才能读懂这句话的"精妙"，才能领悟这句话的"奥秘"，才能读活这句话的"生命力"，才能读出这句话的"智慧"。一个人的成长成才，既要读万卷书又要行万里路，既要阅人无数又要名师指路，最后还需要自我的领悟。

就教师的专业成长来说，在我看来，读万卷书是专业阅读，行万里路是专业实践，阅人无数是对话交流，名师指路是专业引领，而自己领悟则是思考觉悟。其中思考觉悟是内因，而专业阅读、专业实践、对话交流和专业引领是外因。教师的专业成长，需要内因和外因共同作用。

因此，我找到了一条教师专业成长的公式，那就是：教师的专业成长＝专业阅读＋专业实践＋对话交流＋专业引领＋思考觉悟。

专业阅读，是教师专业成长的前提和基础，既包括专业书籍的阅读，又包括有利于教师的学科专业和教育专业的发展，乃至一切促进教师专业成长的阅读。在内容上，教师的专业阅读不仅要读学科专业的书籍，也要读教育学、心理学、管理学、哲学、科学、社会学、历史等"有字书籍"，还要学会读人、读心、读社会、读动植物、读世间万物等"无字之书"。

大量的实践表明，阅读是教师夯实专业基础、培育专业情怀、培养专业精神和丰盈专业思想的重要途径，是通达教师专业成长的阶梯。

专业实践，是教师专业成长的核心环节。对教师来说，主要是指教育、教学和教研等工作。教育、教学和教研工作三者之间相辅相成，共同组成教师实践的主体，是教师最本质、最核心、最重要的专业工作。从某种意义上说，教书育人的工作就是一种实践的哲学。专业实践是教师发挥专业价值的主阵地，同时是教师专业成长的主渠道。

毋庸置疑，教师专业成长最重要、最有效的成长是实践成长，即在工作岗位上的成长。所以教师要敬岗爱业，扎根课堂，坚定地在专业实践中立德、立功、立言和立人，不断地修炼自身的专业本领，从而实现专业生命的意义和幸福。

对话交流，是教师专业成长的必要条件，是指教师和同事（包括不同学科）、同行（甚至其他行业人士）、学生和家长等不同人员的生命对话。教师从事的是和人打交道并引领他人生命成长的专业工作。这就意味着，教师在专业成长上要研究生命、要与生命对话，才能更好地了解生命、服务生命和成就生命。

无论是作为一种生命，还是作为一种专业，教师都是开放的系统。开放的系统要维持有序的状态，必须从外界源源不断地注入能量，并且把这些能量融合到系统中去。教师要取得有序的专业成长，必须和相关人员进行对话交流。

教师通过对话交流，一方面可以清楚本专业的研究前沿和实践经验，知道教育教学和教研工作的更多精彩或更好的路径及做法，从而明晰自己在专业成长上要努力的方向和重心；另一方面，可以掌握生命成长的规律和提升沟通交流的艺术，从而有利于提高教育教学质量和育人水平。因此，教师应积极参加各种教育教学研讨或交流活动，主动分享做法和想法，从而让彼此的光芒相互照亮。

专业引领，是教师专业成长的重要契机，主要是指教师得到名师、专家、学者等重要人士在专业上的引领，从而在专业成长上取得更好的发展的过程。诚然，名师的指点、专家的指教或学者的指引，都属于贵人相助，可以让教师在专业成长上少走很多弯路，从而更加快速和优质地成长自己。教学名师在课堂教学中积累的宝贵经验、名班主任在班级管理和育人工作中取得的实践探索、专家学者在教育教学理论上的研究成果……都能赋能教师的专业成长。

那么，教师在专业成长上如何向名师名家学习呢？华东师范大学李政涛教授说："名师如参天大树，树会开花结果实，技巧如花和果实，醒目、易得，但从别人那里摘得的花，很快就会枯萎腐败，因缺了思想的根。学名师，就要善于'嫁接'思想的根，而不只是摘花摘果。没有谁天生就是名师，名师也遭遇过困难、障碍，看他是如何走出来的。"这也就是说，名师名家的专业引领最重要的是其专业思想和专业精神的引领。

思考觉悟，是教师专业成长的关键指标，是指教师在专业上具备独立思考的能力，在行为上做到专业自觉和自律，甚至形成自己的教育思想或教学主张，从而产生独到见解和实现专业觉醒的专业体悟。哲学家亚里士多德说："人生最终的价值在于觉醒和思考的能力，而不只在于生存。"可见，思考觉悟是教师专业成长走向专业成熟的关键品质和标志。

苏霍姆林斯基说："我们依靠思考，也只有依靠思考，才能驾驭年轻的心灵。我们的思考能点燃学生的学习愿望。我们的思考能激发学生对书籍的不可遏止的向往。"作为学生生命成长的专业引路人，教师需要不断修炼独立思考的能力和专业领悟能力，并养成勤于思考、善于思考和乐于思考的习惯，并通过思考来丰盈自己的思想，树立教书育人的信念，驾驭年轻的心灵，点燃学生的学习愿望，唤醒学生向真、向善和向美的力量，使他们能主动地追寻自己的"诗和远方"。

第七辑

读懂学生：
教师一生的课题

"故立志者，为学之心也；为学者，立志之事也。"

——王阳明

第七辑

读懂学生：教师一生的课题

读懂学生：教师一生的课题

有位新教师读美国行为主义心理学家华生的《行为主义》时，有句话让他很困惑，希望听听我的见解。这句话是，给我一打健康的婴儿，我可以把他们训练成为任何一种人物——医生、律师、艺术家、大商人，甚至乞丐或强盗。

作为教师，我们不仅要看到教育对人的成长的可能性，而且要清醒地认识到教育不是万能的，因为人不是万能的，会受到各种各样的因素和条件的限制。

无论你所教的是哪个学段或哪个年级的学生，虽然他们还是未成年人，心智没有成熟，可塑性比较大，但是，请教师（特别是新教师）记住，任何学生都不是一张白纸，而是内心比我们想象中还要气象万千的生命。

无论将他们比喻为萌发的种子，还是正在吐绿的幼苗，或者振翅待飞的雏鸟，今天的每一个学生，都是从昨天过来的，他们有他们所经历的生活和学习，有他们所积累的知识和经验，有他们所形成的认知水平和认知特征，有他们所要前往的方向和所能抵达的山峰。

人的大脑要形成新知，是离不开旧知的。学生在学习中能否获得新知识，主要取决于学生个体的认知结构中是否已有相关的概念。教师需要做的就是在熟悉学生旧知的基础上，以新知为目标，并在学生的旧知和新知之间搭建好必知的桥梁。有了必知的桥梁，学生方能顺利从旧知抵达新知，从而获得应有的成长和发展。认识到这一点，对新教师来说，非常重要，也非常必要。这能让你们找到教学工作的着力点，不仅可以少走很多弯路，而且能有效地落实教学育人的任务。

随着和学生接触的时间、机会等的累加，也许你会发现自己所教的学生不仅不是一张白纸，而且其颜色还会不断地发生变化，就如变化多端的天气一样，有时晴天、有时阴天、有时雨天、有时雪天，甚至有时还会遇到电闪雷鸣、风雨交加，或者极度干旱等恶劣天气。这对刚走上工作岗位的新教师来说，由于缺少相关经历和经验，有时还是挺烦人的，甚至弄得焦头烂额。

每当这个时候，请新教师不要紧张，不要过于担心，也不要害怕，因为即使是我们成年人都可能会犯错，更何况是没有长大的学生。试想一下，如果学生都不犯错，都没有出现问题，那么还要我们教师做什么？问题的存在，正是教育存在的意义。而人，无不是在不断探索、实践、试错和纠错等的历练中成长的。

年轻教师，要懂得犯错的学生中有知错能改型，有知错难改型，也有知错不改型，还有自以为是型，甚至有的可能还会和你顶嘴、顶撞。这时，你要谨记尽可能不要生气，不要让自己成为情绪的"奴隶"。如果确实需要帮助，建议你多虚心向年级里有经验的教师请教。他们会给予你支持、给予你指导、给予你鼓励。

不是白纸的学生，需要你读懂他们的"过去"，包括他们已有的经验、知识、能力和素养，乃至"最近发展区"。如果能了解他们的家庭环境情况，当然最好，这样就更有利于读懂他们的各种行为表现。你可以通过调查问卷、谈话、家访、查看档案记录等多种方式调研学情。读懂他们，你需要坚守立场，走进他们的世界，并尊重他们的天性和需求；你需要换位思考，理解他们的行为，呵护他们的自尊，用师爱、信任、包容、耐心和真情敲开他们的心门，从而听见他们的心声。这样，你就可以做到胸有成竹、有的放矢、因材施教和对症施策。

总之,读懂学生,是教师行走教育田野的资格,是教师耕织课堂教学的资本。读懂学生,是构建良好师生关系的基础,是开展有效教学的前提。唯有读懂学生,教师才知道其内心之所想,才晓得其学习之需求,从而才能在其身上成功播撒生命的光芒。正如教育家苏霍姆林斯基所说:"不了解孩子——不了解孩子的思维、兴趣、爱好、才能,就谈不上教育。"读懂学生,是教师一生的课题。

不要什么都"从娃娃抓起"

有一次,我代表学校去参加某诚信协会的活动,有位同样来自教育一线的参加者在发言中举了一个小孩撒谎的例子,然后颇有深情地倡议说,诚信教育也要从小抓起!当轮到我发言时,我说:"我们的教育,是不是不要什么都从小抓起,他们都只是孩子,孩子的成长是有阶段性和差异性的。其实,揠苗助长的故事早就告知了我们其中的危害,所以教育应根据孩子的发展水平和认知能力,遵循生命成长的规律,让孩子学习他们应该学习的,不要过早过多地学习他们学不了、学不会的。比方说,当孩子正处于形象思维发展迅速的阶段,你却让孩子训练抽象思维,培养孩子的综合思维能力。你是否想过孩子的成长需要和内心感受?对孩子来讲,脑部处于发育阶段,倘若用力过度,很可能会造成脑部损伤。"

不知从何时起,"从娃娃抓起"似乎成为人们关于人才培养的

"教育共识"。比如诚信教育，不仅家长，甚至部分教师都认为要从娃娃抓起。就拿撒谎来说，有的父母遇到自己的孩子撒谎的情况，非常焦虑，好像天要塌下来一样。当然，我们的社会包括我们的孩子需要诚信教育，但也要选择适当的时候。试问，我们家长、教师或其他成年人，有谁没撒过谎？当孩子面对骗子或坏人时，我们是希望孩子撒谎还是诚实？让孩子自然成长是关键。

有人认为，如果不从娃娃抓起，那么就会"输在起跑线上"。这种观点更是荒谬！道理其实不复杂，在跑道上的人，赛的是谁最先到达终点。人生的终点是什么？清华大学结构生物学教授颜宁曾在央视《开讲啦》节目中说："我觉得无论是谁，你来到这个世界上，最公平的事情就是向死而生。"既然我们每个人最后的归宿都是一样的，何必那么着急奔向终点呢？所以，我们要保持清醒的是，即使人生要比赛，目标也应是尽可能慢地而不是尽可能快地到达终点。当然，人生最重要的还是过程的精彩。

就人的学习和生命成长而言，只要生命不息，时时、处处都可以是"起跑线"，重要的不在于输赢，而在于是否跑出自己的生命节奏、生命色彩和生命温度。教育之道，不在于"共识"，而在于依循教育规律和教育常识。"民主"不等于科学，"民意"不等于规律。不要什么都"从娃娃抓起"。

首先，人的成长是具有阶段性的。不同成长阶段的人，有着不同的发展水平和认知能力，其生命成长有着不同的教育需求。如果什么教育都要从娃娃抓起，娃娃们"承受"得了这么多教育吗？他们需要这么多教育吗？教育不能一边苦口婆心地"喊"减负，又一边冠冕堂皇地在增负。

其次，教育的开展也具有阶段性。教育要遵循个人身心发展的规律，就要尊重阶段性成长的客观事实，体现出阶段性。小学有小学的教育，中学有中学的教育，大学有大学的教育。上幼儿园的娃娃就不应进行小学教育，这是教育之道，更是教育底线。

最后，人不能只成长不开花结果。人才培养不仅要成长，而且要开花结果。这就需要：一方面，教育要杜绝"揠苗助长"式的空长、伪长、假长；另一方面，教育要防止一味追求成长而忘了开花结果式的"疯长"。也就是说，教育不能只"满足"娃娃当下的"茁壮"成长，更要"助力"他们未来的"蓬勃"发展。

增强学生体质不能仅靠"体育"

每每看到媒体报道说"我国青少年学生体质连续多少多少年下降，力量、速度、爆发力、耐力等身体素质全面下滑"等字眼，作为一名一线教师，我的内心很不是滋味。诚然，健康的身体，是工作、学习和生活的基础和保障，是个人愉悦、家庭幸福和国家繁荣富强的标杆。青少年是国家的未来，是国家的希望，是未来社会的接班人和建设者，他们的身体健康状况，关乎个人，关乎家庭，关乎社会，关乎国家，关乎未来。

庆幸的是，青少年体质问题已经引起了各级有关部门的高度重视，有关部门也先后出台了相关文件和措施。为了增强青少年的体质，各地中考纷纷提高体育考试的分值，同时各学校增加了体育课和体育锻炼活动的时间，取得了一定的效果。但是，全国政协委员、北京体育大学副校长胡扬在两会上表示，目前学校体育面临着体育课被占用、体育教师数量不足、教学质量不够、体育教师积极性不高等问题，于是他提出"解决这些问题，可以尝试引入社会力量，用校外资源补充体育教师的缺口"的建议。如果仅是体育课和体育教师的"量"的问题，或者包括"质"的问题，那么增强青少年体质是指日可待的事。体育课时不够，可增加；体育教师数量不够或质量不够，都可培养或培训，甚至还可以如全国政协委员胡扬所言：引入社会力量，用校外资源补充体育教师的缺口。

当然，增强青少年体质不靠"体育"不行。但是，我想说的是，增强青少年体质仅靠"体育"远远不够。因为一个人体质的健康与否还和他的日常饮食结构、生活作息习惯、养生和锻炼意识、情绪调节和自律能力、心理健康状况等方面有关。特别是青少年的饮食和作息对其体质有着非常关键的影响，而这点显然还没有引起人们足够的重视。试问，有多少中小学校和教师或家长会"告诉"学生一天怎样吃才科学合理？我们的学生有多少人真正懂得自己应该吃什么和不应该吃什么？有多少学生每天的饮食是和他们的身体需要相匹配的？又有多少学生每天的作息利于他们建立健康的体质？倘若某个学生吃"坏"了身体，或者休息不好，又或者身体不适，如果这个时候学生还"坚持"体育锻炼，那么不仅对身体无益，而且有害，甚至还可能夺走学生的性命，学生"倒在"跑道上的案例是血的教训。

因此，增强青少年体质需要适时适度的体育锻炼，同时也需要合理的饮食、科学的作息、健康的心理和良好的生活习惯等的支撑。故，我认为，增强青少年体质＝健康的食品＋合理的膳食＋科学的作息＋良好的生活习惯＋适度的体育锻炼＋健康的心理。

练就学生一双"火眼金睛"

随着互联网和智能手机大量进入寻常百姓家,人们每天都要接触很多信息,这些信息有真有假。这就意味着,我们只有对这些信息进行甄别,才不会被假的信息所蒙蔽、误导和伤害。那么,教师应当如何培养学生的信息甄别能力呢?在我看来,教师要从博学守真、思辨能力和批判精神三个方面培养学生的信息甄别能力。

博学守真

对于生活在信息时代的学生而言,只有博学守真,才能自由自在地畅游浩瀚的信息海洋。所以,教师要培育崇真、学真、守真的学生,使他们读懂并践行"千学万学,学做真人"的真谛。

首先,教师要在学生的心田播撒崇真的种子,使他们在思想上认识到"真"的意义和价值。学生内心都希望得到别人的真诚对待,收获亲朋好友的真爱,且看到的是真景,听到的是真话,学到的是真知识。正因为如此,教师要利用现有的教育资源,尽可能地创造条件,让学生心中这颗"崇真"种子萌芽、生长。

其次,教师要营造学习的环境,架起通往真知的梯子,铺设探寻真理的道路,指引学生抵达博学守真之境。当学生有了真知护身时,他们就会掌握知假识真的本领。实践表明,阅读不仅是直达博学的桥梁，而且是通往真知的路径。因此，教师除了在学科教学中教授科学文化知识，还应帮助学生学会学习，爱上阅读，特别是多阅读科普方面的书籍。

最后，教师要注重培育和强化学生的守真信念。对学生而言，守真就是守住为学之本心、为人之本分和为事之本义。一旦形成了守真的信念，学生在面对各种各样的假信息或谣言时，就能运用求真的思维，坚守真的立场，秉行真的道义，不以假乱真，不以讹传讹。这需要教师为学生多提供守真的修炼场，平时在写日记、周记或作文时，要求学生用真心的话记录真实的事，慢慢养成求真的精神。

思辨能力

学生要成为信息时代的弄潮儿，还要有思辨能力。这种能力可以让学生揭开各种令人眼花缭乱的表象，直击事物本质，从而发现其本来面貌。

所谓思辨能力，指的是思考和辨析的能力。强大的思辨能力是指深度的思考力和深层的辨析力。思考是辨析的基础，深度思考是深层辨析的前提。歌德曾说："所谓真正的智慧，都是曾经被人思考过千百次；但要想使它们真正成为我们自己的，一定要经过自己再三思维，直至它们在我个人经验中生根为止。"所以，教师要教会学生思考，指导他们从每日的反思做起，不断培养独立思考的能力，形成自己的智慧。

为了强化学生的思辨能力，岭南师范学院附属中学较成功的做法有三点：一是以争议主题为引子，组织学生进行班级或年级辩论赛；二是以热点话题为契机，让学生站上讲坛开展时事主讲活动；三是以虚假信息为"考题"，要求学生写出思考和辨析的过程。此外，还可以让学生进行"真假大论战"。

学生经过这些活动的锤炼，会懂得如何分析各种输入大脑的信息，从而形成正确的解决问题的思路。通过观察和比较，我们发现他们绝大多数人的思维都变得更有条理，更有逻辑了，同时更加敏锐而缜密，有的人在面对不同信息时，还有自己独特的见解，在模拟诈骗试验中，很少上当受骗。

批判精神

培养学生甄别信息的能力需要批判精神。批判是一种质疑和求真的过程，所以批判精神是一种质疑精神、理性精神和科学精神。这种精神，无疑是信息素养的重要组成部分。这种精神，可以让学生在信息面前不轻信谣言、不迷信权威、不盲从结论，保持理性。有了这种精神，学生就会站在真的立场，用实证的思维对信息进行审视、甄别和处理。这种精神，常常从质疑开始。

所以，培养学生的批判精神，教师要创造适宜的成长环境，允许学生质疑，鼓励他们敢于批判，教导他们求真务实地做"真"的发现者、传递者、弘扬者和捍卫者。譬如，学习唐代诗人李商隐的诗句"春蚕到死丝方尽，蜡炬成灰泪始干"时，教师就可以引导学生质疑和追问：春蚕真的是到死丝方尽吗？让学生去思考、辨析、批判，去寻找真相。他们弄清"蚕的丝是化蛹时就尽，而不是到死才尽"的事实之后，就会纠正过去错误的观点，从而建立新的认知。

当然，教师要深刻认识到：批判精神的培育不是"为了批判而批判"，而是培养具有这种精神的人。人的素养是多方面的，教师在培养学生批判精神的同时，应培育学生成为德、智、体、美、劳全面发展的人，特别要培养他们敢于批判的勇气、善于批判的能力。

因此，学生如果能够博学守真，具备了思辨能力和批判精神，那么，他就有了一双甄别各种信息的"火眼金睛"，不仅可以辨别真假信息，最重要的是为国家、社会和百姓创造了"真"的生活场，使更多人能尽情享受真信息带来的便利和福利。

如何让学生崇尚科学和崇敬科学家

科学是通往真知、真理的桥梁，是改变社会、创造世界的力量，是破除迷信、辨识真相的智眼，是照亮生命规律、宇宙奥秘的慧光。在科学教育的道路上，我通过引领学生走进科学、融入科学和爱上科学等举措，从而在他们心中植下"崇尚科学和崇敬科学家"的生命价值观，让科学之光普照他们的成长之路。

走进科学

走进是了解的前提，唯有走进方能真正做到融入。在走进科学上，我不仅在课堂教学上给学生传授科学知识，而且还在主题班会上和他们讲述科学家的故事，还带领他们到科技馆、科学教育基地等场馆参观学习。每年还借力中国科学院老科学家科普演讲团开展的院士专家科普报告校园行活动，组织学生聆听科学家讲解科学及科学家的故事，如地质学家位梦华的《地球两极与人类未来》、大气物理学家高登义的《知天知己笑迎科学人生》、环境科学家李皓的《美丽中国的设计要素——从中国古建筑中找到解决当今城市"水深火热"环境难题的智慧》和中国"两弹一星"元勋钱学森的力学弟子张德良的《岁月的足迹——钱学森不平凡的一生》。

融入科学

融入是体验的通道,唯有融入方能真正做到爱上。在融入科学上,成功的做法主要有三:一是让科学融入学生的学习生活,如围绕"我最崇敬的科学家"主题,在语文课上进行主题演讲或作文撰写,在美术课上创作画作,在信息技术课上制作视频……又如在物理、化学和生物等科学课程上演示或探究实验。二是让科学融入学生的课余生活,如开展学校或班级科技文化节活动,甚至组织学生参加全国青少年高校科学营活动,让他们在科学制作、体验、交流和分享的过程中,领略科学的神奇。三是让科学融入学生的精神生活,如鼓励学生和科学家进行心灵对话或书信交流,甚至去拜访本地离退休的科学家,零距离地接受科学家独特的人格魅力和科学精神的洗礼及感召。

爱上科学

爱上是向往的磁场,唯有爱上方能做到真正崇尚。毋庸置疑,科学教育不仅仅是为了科普,最重要的还是培育优秀科技人才。要培养出这样的学生,需要广阔的平台和舞台让他们能经受"失败是成功之母"的锤炼。我曾多次带学生参加各级青少年科技创新大赛、航天航模制作比赛、全民科学素养行动科技活动、科技创新实践能力挑战赛、DI创新思维大赛、科学影像节、"小小科学家"体验活动、科学制作比赛等。每当看到他们在备赛、参赛和赛后反思等过程中所表现出的认真、投入和专注,以及经历失败的伤感和收获成功的喜悦,我都能感受到科学已经在他们心中留下深深的烙印。

吃苦耐劳的精神何以绽放

吃苦耐劳的精神，既是中华民族的优秀传统美德，又是个人成长成才的优秀品质。吃苦耐劳的精神，是深潜在人的意志和毅力之海洋的力量，是人抵御和战胜生活中及学业上的困难的能量。那么，如何让吃苦耐劳的精神在学生的身上绽放呢？我的做法是以"苦"为"天"、以"苦"为"田"和以"苦"为"甜"。

以"苦"为"天"，照亮学生的理想

当学生有了向往的理想和明确的奋斗方向时，"苦"在他们的面前，就是通往理想王国的阶梯和汗水。众所周知，偶像的力量是巨大的。何不借力学生心中的偶像，让他们敢于吃苦耐劳？对于敬仰微软创始人比尔·盖茨的学生，我和他们说比尔·盖茨穿新靴子参加50英里徒步行军的故事；对于喜欢著名篮球运动员科比的学生，我和他们讲"科比和凌晨四点的洛杉矶"的故事；对于崇拜著名足球运动员梅西的学生，我和他们分享"巴萨"看中当时只有一米四的梅西，不是因为天赋，而是因为"特别能吃苦"的故事，也正是因为吃苦耐劳之精神，让梅西登上足球之巅，收获了无数的荣誉。

以"苦"为"田",强其筋而健其骨

诚然,能吃苦耐劳的人,需要具备一定的自身条件。孟子说:"天将降大任于斯人也,必先苦其心志,劳其筋骨,饿其体肤,空乏其身……"就学生而言,教师需要创造机会强健其筋骨、坚强其意志和磨炼其毅力。比如,每天安排学生负责打扫教室、实验室,甚至校园其他地方的卫生,有时还组织他们"与城市美容师共舞",一起用青春之行动,美丽一方环境。此外,每天下午放学后,我坚持和学生到运动场或学校旁边的公园进行慢步长跑,有时还带领学生走进农田,开展学农社会实践活动,或学习插秧,或收割稻谷……

以"苦"为"甜",助学生收获成长

不论是教育的宗旨还是精神的塑造,都指向人的成长。而人的成长,既需要"敢于吃苦"和"能吃苦"为生命打底,又需要以"苦"为"甜"或化"苦"为"甜"为生命拔节。只要学生品味到苦中的"清甜"或苦后的"甘甜",就能促进他们更加善于吃苦和乐于吃苦。我们通过开设"生物美食"劳育校本课程,组织学生设计美食、制作美食、展示美食和品尝美食等活动,让他们深切感受自己辛勤劳动所创造的乐趣、情趣、美趣及快乐和幸福,从而领悟劳动之独特的价值和意义,并发现苦的"甜滋味"和收获苦的"甜果实",进而成长为具备和践行吃苦耐劳精神的人。

请给予学生足够的空间

据报道,在"双减"政策下,广东某学校在班级管理中实施了班主任"入班办公"管理模式,即将教室分割成两个区域,前面是学生的课堂,后面是班主任的办公区域。这种做法引发了社会的热议。在我看来,班级管理的根本目的是育人,是促进学生的身心健康和全面地舒展。种子的萌发需要适宜的温度、适量的水分和充足的空气,树苗的拔节成长更需要空间来舒展其茎干和枝杈,如此方能展露出其应有的生命之芳华。所以,在班级管理中,班主任应给予学生足够的空间。

自由呼吸的空间

北京师范大学石中英教授说:"自由是作为人存在的基本规定性,是人作为真正意义上的人而存在的一个必要条件。简而言之,自由是人的本性。自由是不可剥夺、出卖或让渡的。"用马克思的话来说,人的自由就是人的本质力量的实现。这就告诉我们,如果想把学生培养成全面发展的、充满人性力量的人,那么班主任就不能让学生在自己的班级中失去自由的环境,而应尽可能为学生的生命成长创造自由呼吸的空间,使其能够尽情地绽放。

退一步来说,尽管你天天关怀备至地施肥浇水,你在阳台也不会种出参天大树。如果你只是让学生成长在花盆那点土壤里（即使很肥沃），他们也无法全面地舒展其生命的长度、宽度和高度。在种植果树时，有经验的果农都会讲究果树之间要做到疏密有度，而不会过密，也不会过疏，这样才容易让每一棵果树都能自由地吸收充足的阳光，从而有助于结出累累的硕果。所以，如果想培养飞鹰般的学生，那么就应创造广阔的蓝天；如果想培养游鱼那样的学生，那么就应提供辽阔的海洋；如果想成就狮子那种学子，那么就要拥有宽阔的草原。

自在生活的空间

如果你是学生，每一天每一堂课，班主任都在背后看着你，"盯"着你，你的一举一动都让班主任尽收眼底，那么你会有什么感受？如果学校给每个教师办公室都装上监控，那么试问教师平时办公还能自在吗？倘若班主任能够这样换位思考和假设推理，他们就不会把自己"捆绑"在教室后面的"办公区域"，因为这样即使身心不疲惫，眼睛也会困的。在一双困顿的眼睛里，岂能对生命的成长充满好奇？又怎样发现生命的光芒和生活的惊喜？我们不能让"好好睡一个觉"成为班主任的一种期待，甚至一种奢望。

班级管理不是把学生"看住""管住"，而是为学生营造和谐的良好环境，能让他们自由地飞翔、自在地生活和自然地成长。班主任当然要管理学生，但更重要的是信任学生。信任学生是构建良好的师生关系的情感基础，也是班级管理中屡试不爽的妙招。当你理解了这个道理，你就明白了"为什么那些优秀班主任出差期间，其班级依然井然有序"的奥秘。"陪伴就是最好的教育"这个命题要成立，是有其前提条件的，不是"放之四海都皆准"的真理，"放手"才是班级管理至高的目的。

自然拔节的空间

马克思说，人不仅仅是自然存在物，他还是属人的存在物，也就是说，是为自己本身而存在着的存在物，因而是类的存在物。班主任要认识到，人是自然的有机组成部分，其成长必然有其内在的发展规律和自然之道，学生的成长方式、成长节律和成长规律有共性之处，也有个性的地方。好的班级管理，应兼顾学生成长的共性之需和个性之要，做到因地制宜、因材施教和因人施策，赋予自然拔节的空间，让师生之间和生生之间进行自然而然的生命对话。

在自然界中，生命的成长离不开"风雨"的洗礼。在学生的成长路上，既有"和风细雨"，又有"狂风暴雨"，还有"阴风恶雨"，班主任何必通过"入班办公"等举措为他们创造"风和日丽"呢。学生的情绪可能会像天气一样变化不断，或晴天，或雨天，或阴天。你要知道，虽然大家不喜欢台风，但是在淡化海水上，台风可是"功臣"。班主任不要害怕学生犯错，不要担心他们会出乱子，在班级中所发生和经历的"风雨"都会考验他们，同时也会滋养他们。哲学家黑格尔说："错误本身乃是'达到真理的一个必然环节'。"经历寒冷的"熏陶"，枫叶才能展露其经典的红色，而橙子才容易吐露其金黄。故班主任要做的就是以此为教育的契机，引导学生从中学会成长，学会与他人甚至与天地及众生和谐共处。

自主管理的空间

自主是生命成长的基本属性，教育就是要不断培养、发挥和强化学生的自主，教会他们懂得自主学习，走向自我教育，特别是要学会自主管理。我国学者周国平说："我一直认为一切教育本质上都是自我教育，一切学习本质上都是自学。"由此可知，班级管理在本质上是自主管理。如果让每一个学生都能做好自主管理，那么这样的班主任不仅是成功的,也是轻松的。但是,要做到这种境界,谈何容易?我认为,能让大部分学生做到自主管理,还是可以做到的,也是成功的。虽然学生的自主管理需要班主任正确积极地引导,但是最终的目的还是要"去班主任",让学生真正走向独立和自主。如果学生整天都在班主任的眼皮底下,那么他们何以做到真正的独立和自主?

那么,在班级管理中如何让学生做到自主管理呢?具体策略主要有三:一是让学生自定班规;二是让学生自选班干部;三是让学生安排班务(如班徽和班旗的设计、教室的布置、作业的收发、日常班级活动的组织与开展等)。同时,班主任应通过不同方式和途径将爱国主义教育、集体主义教育、理想教育、安全教育、心理健康教育等主题教育贯穿班级管理的过程中,不断提高学生的自尊、自爱、自律、自觉和自强,帮助他们学会自我管理时间、学习、金钱、情绪和情感。

总之,在成长路上,人无自由,难以绽放;人无信任,难以和谐;人无和谐,难以自在;人无自在,难以自然;人无自然,难以自由。因此,班主任要给予学生足够的空间,帮助他们实现自由呼吸、自在生活、自然拔节和自主管理。实际上,班主任的生命成长何尝不需要空间?给学生空间,也是给班主任空间。拥有空间,才能让生命创造无限可能。

学习力的五个层次

学习是生命的本能，也是人的生活、成长和发展的需要。但是，同一个班级的学生，在同样教师的教育下，学习相同的课程，往往表现出不同的学习效果，主要原因在于学生的学习力不同。学习力不仅是学生关键的成长力，而且是未来人才核心的竞争力。那么，什么是学习力？就个人来说，学习力就是一个人获取知识并让它产生价值的能力。在我看来，这种能力大抵存在五个层次。

第一层次：“一窍不通”

学习之初，可能我们一点儿也不懂，处于完全未知的层次。这一层次称为"一窍不通"。正是因为不懂、不知，所以要学习。学习的产生需要动力来驱动，学习的坚持需要毅力来维系，学习的高低受学习能力所左右。好奇激发动力，兴趣产生毅力，而学习力决定学习的高低。

我们要保持理性认知的是，有些东西，有些人，就算学习了，可能依然是"一窍不通"。神经生物学研究表明，即使有了刺激，产生了神经冲动，如果没有神经冲动对应的受体，那么反射也不会发生。这就告诫我们，在学习面前，教师应允许和尊重"一窍不通"的学习状态和生命存在。也就是说，教师不应在学习上责怪学生的不懂、不会，尤其是在经过屡教之后依然不会的情况下，请注意不能让"这个内容我讲了多少遍了？你还不会？""你真笨！简直是花岗岩头脑。"等话语伤害学生心灵，而应转变思想、思维或思路，想方设法地引导他们"开窍"而进入学习力的下一层次。

第二层次："一点就通"

在经过他人（如教师）指点，或指教，或讲解，或点拨后，学习者就能理解、掌握所学习的内容，这是"一点就通"，属于学习力的第二层次。在离开教师的帮助后，该层次的学生往往表现出不会的现象。这时，教师的"点"显得尤为必要和重要。

"点"在何时，"点"在何处，"点"用何法，"点"用何力？教师要保持清醒的是，不是人人都适合"先学后教"，有的人可能喜欢"先教后学"，而有的人适合"做中学"或"玩中学"，但有的人则情愿在聆听中学、阅读中学，或讨论中学。所以，"点"时，教师要因人、因地、因时、因事而异。此外，有些学生有时可能需要多点几下，甚至更多几下才能通达，教师在点拨学生时要有足够的耐心。在某种意义上，教育是慢的艺术，是等的情怀。

第三层次："触类旁通"

学习者掌握了某些事物的有关知识或规律，形成了前期的实践经验和思维方法之后，当再学习类似这些事物的新事物时，他们通常能较顺利或容易地掌握新事物的知识或规律。"旁通"的前提条件是"触类"。所以，教师应尽可能地创造机会让学生去经历、去体验、去观察、去探索、去辨析、去反思，去接触所要接触的"类"。如果要激发学生的科技兴趣，那么就应该让他们尽可能地感受科技的神奇与魅力，让他们和科技工作者交流、互动，点燃其心中的理想之火。

从"触类"到"旁通"，毫无疑问，学习者需要具备迁移等能力。

在心理学上，迁移是指已经获得的知识、技能甚至方法、态度对学习新知识、新技能而产生影响的心理过程。迁移的发生，要求新旧知识、技能之间要有共同的要素。因此，教师应带领学生置身于真实情境中学习和成长，使之"触类旁通"，做到学以致用。

第四层次："无师自通"

"无师自通"，顾名思义，就是指没有经过教师或他人的传授、指点或帮助，就能理解、掌握、通晓某种知识、技能或规律。无师自通的人，往往具有过人的天赋或超高的智商。如果没有后天的刻苦与专注，再高的天赋也会转化为平庸。耳熟能详的方仲永是一个典型的案例，但三岁不到就能弹出《匈牙利第二号狂想曲》基本旋律的郎朗，正是靠着后天的不懈努力和勤奋付出，取得今天的成就。

脑科学研究表明，人类对知识天生具有"无师自通"的自我获取的潜能。这种潜能的发挥需要特定条件，人们的自学或开悟就是在这些条件得到满足时发生的。我把"无师自通"称为学习力的第四层次。具有这样学习能力的人，不仅自学能力强，悟性高，而且通常是新知识、新技术或新经验的创造者。纵观人类发展历史，不难发现人类刚开始并没有"教师"这个职业，也没有语言文字、学校、课程和教材等东西，是"无师自通"的人先后创造的，从而为从师学习提供了条件。当然，从师学习也为无师学习创造了条件。两者互为基础，相互促进。

第五层次："融会贯通"

南宋著名理学家朱熹在《朱子全书·学三》中说："举一而三反，闻一而知十，乃学者用功之深，穷理之熟，然后能融会贯通，以至于此。"不论是从师学习还是无师学习，最高境界都是"融会贯通"，即能把多方面的知识和道理融合领会，从而得到全面而透彻的理解和体悟。

人类的学习,是为了更好地生活,是要解决不同真实情境中的实际问题,而这些问题绝大多数都是综合的,单靠某一学科知识是难以甚至无法解决的。换言之,学生的学习,是要跨越学科的藩篱,是要打破文本学习的壁垒,是要融合古今中外不同文化的精粹,让不同知识或文化的"孤岛"构成一个互联互通的生态体系,使之如人体的五脏六腑八系统一样,组成一个整体。要达到这一层次,需要坚持不懈地博学、笃行、近思和切问;需要有开阔的视野、开明的思想、开合的姿态和融通的思维。

总之,如果说"一点就通"是一种"通达",那么"触类旁通"就是一种"通联","无师自通"是一种"通晓","融会贯通"是一种"通彻",而"一窍不通"则是一种"未通"。如果说"一点就通"是"开通一条河",那么"触类旁通"就是"发现另外的江河","无师自通"是"心中有江河","融会贯通"是"成为一片海",而"一窍不通"则是"未见任何江和海"。

读懂分数:理性看待考试成绩

有位教师来信说:"李老师,您发表在《教育导报》上的读懂学生、读懂自己、读懂教研、读懂课程、读懂课标、读懂教学等文章,对一线教师来说,很受启发,挺实用的,让我受益匪浅。有一个问题想请教:新课程标准强调要以核心素养为导向,为什么不少课程还是以分数的形式呈现学生的考试成绩？分数不是应试教育的'代名词'吗？教育是不是应该摒弃分数？"

考试和分数真的等于应试教育吗？我不禁陷入深思和追问。在我看来，不应在它们之间简单地画上等号，而应读懂分数，理性看待学生的成绩，形成健康的"育人观"。

理性是教育的应有之义

理性和感性犹如人之双脚，是教育之两翼，缺乏其一，都将会行之难远，飞之难高。所以，教育既需要感性，又需要理性。感性让教育充满柔性而体现温度，而理性让教育闪烁刚性而凸显高度。教育要行稳致远，让立德树人之花盛开而持续，就应让理性成为那只"惯用而灵活的手"。

回首二十余年走过的新课改之路，考试成绩的分数确实激励了许多学子不断向上向善求索而行进，不仅成就了他们的求学梦，还改变了他们的命运和生活；与此同时，分数也如一根刺一样深深地扎在学生乃至广大家长的身上，从而影响他们的身心健康成长；甚至如刺刀一般划伤学生的机体，危及或夺走他们宝贵的生命。前者是分数制定和施行的初衷，而后者则有违教育的初心。

教育应是"成人之美"的善业，而不是"毁人不倦"的恶魔。要"成人之美"，不论是学校教育，还是家庭教育，或者社会教育，岂能没有理性的"防火墙"或"保护阀"？比如，正是因为缺乏对分数应有的教育理性，才出现学生因考试成绩不理想而寻短见，才发生"多考一分，干掉千人"的怪象和"杀了第一名，我就是第一名了"的悲剧，才让家长在面对"班上孩子一半都考了100分，而自己孩子却考了98分"时失去理智而训斥孩子"为什么你考不到100分？"。

所以，教育需要理性，特别是要理性地看待学生的考试分数。

理性看待分数需坚持"以人为本"

分数是用来呈现学生学习成绩的一种方式、一种反馈、一种表达。这就好像用长度单位米或厘米来丈量人的身高,用重量单位千克或公斤来称量人的体重。成绩之分数、身高之厘米、体重之千克,都是工具或手段,而不是目的。也就是说,教育不是为了应试,教学不能为了考试,所以要摈弃应试教育,坚持以人的发展为本的素质教育。

摈弃应试教育不等于要摈弃分数。考试或分数不应是应试教育的"代名词"。关键是试题的命制是否基于真实情境和遵循学习规律,能否考查出学生的真实水平,考查的方式是否公平公正而客观,以及对分数的态度和运用是否合理。

根据人体的生长发育规律,人们研制了"身高体重标准表",根据此表就能知道身体发育是标准还是偏小、偏矮或超高,体重是标准还是过低、超重或肥胖,甚至还可以通过体质指数公式[体质指数=体重(kg)/身高的平方(m^2)]计算和判断身体的健康情况。在新课程实施过程中,特别是还保留纸笔考试和以分数呈现学生考试成绩的科目,教师要运用好新修订的课程标准所研制的学业质量标准。但是,最理想的做法,还需进一步研制更具科学性、实用性和可操作性的本课程核心素养的"测评标准"。

不管哪一门科目的哪一次考试,其分数既无法体现学生学习的全部,也不能反映学生的全部成长。考试成绩90分以上的学生和90分以下的学生,真的是优秀与否的区别吗?考60分的学生和59分的学生,难道适合给他们贴上及格和不及格的"标签"吗?如果是,那么依据是什么?有没有标准?如果换一张试卷考,结果还是一样吗?退一步来说,考试成绩优秀的学生等不等于这个学生优秀?考试分数不及格的学生是不是这个学生就不及格?如果语文、数学等成绩优秀,但英语、地理等分数不及格,那么这样的学生是优秀还是良好，是合格还是不合格？

此外，学校或家长都不应仅凭学生的分数来评定教师的优劣，因为学生的分数不能体现教师的全部育人贡献，并且 A 学科的成绩也可能离不开其他学科的功劳。

分数帮助学生成为更好的自己

一个学生的考试成绩分数和其能力、品格、价值观等不一定成正比，那么分数究竟能告诉我们什么？

就拿百分制来说，倘若分数有八九十分或以上，则说明学生对这门课程的学习态度、兴趣、方法、方向、行为习惯等，都是没有什么问题的。这种学生，他们坚持去做就好。如果想进一步提升他们的学习力，那就要进一步拓展他们的视野和格局，可加强学科阅读和学科探究，而不是增加刷题的量和速度。

倘若分数是六七十分的学生，可能在学习方法、习惯和努力程度等方面存在有待改进或提高的空间。这种层次的学生就应主动请教教师，上课时和做作业时要再认真点、积极点，平时可做一些有利于提高思维能力的训练，重在掌握正确的学习方法。

分数只有六十分以下的学生，往往表现为学习态度懒散而不认真、学习行为错位而不在位、上课常常人在心不在、即走神而不专心，甚至还交头接耳，作业不做或随意做一点、抄一点，通常书写还较潦草。这样的学生，应端正学习态度，激发其学习的兴趣和动力。当有了态度、兴趣和动力，他们才可能回到正轨，成为更好的自己。

总之，分数就像一株带刺的玫瑰花。我们需要去读懂它，不要寄予它过多的功能和使命。在分数面前，最好的姿态是保持理性，做人要有超越分数的价值追求。

后　记

成长有"因"

万物生长有其"因",教师成长亦然。"因",在这里不仅是指"原因",还有"基因"之意,甚至通姻缘之"姻",即机遇或缘分。也就是说,教师成长有内因和外因的影响,且有时还离不开成长所需的时机。就拿人的身高来说,其关键因素是调控身高的基因,当然也受个体的生活习惯、饮食结构及其他生态环境等的影响。但是,人要长高,通常是要发生在骨骺软骨钙化之前。

在教师成长问题上,人民教育家于漪先生说:"人的成长是一辈子的事。教育从来不是一个结果,而是一个生命展开的过程,它永远面向未来,不会结束。因此,教师要和学生一起,展开生命,不断成长。"她还指出:"教育的力量在于教师的成长,而教师成长的根本在于深度的内心觉醒。"这就意味着,成长不仅是教师的生命之需要,还是使命之需求。可以说,"基因"决定教师要自觉、自律地成长。教师显然需要认识自己,并明确自身成长的方向。《道德经》有云:"知人者智,自知者明,胜人者有力,自胜者强。"内心觉醒的教师，在我看来，就是"读懂教育，懂得成长"的教师。

从教之初，在给自己专业成长做规划时，我希望自己能成为一名"有为的教师"；随着对教研的不断深入，我将自身的发展重新定位为"科研型教师"；在对教育有了不少独立之思考后，我从专业成长走向生命成长，并努力且坚定地朝向"思想型教师"发展。也许，在成长的不同阶段，教师需要有不同的成长方向、内容和重心。同时，在不同的环境或条件下，教师也应有不同的选择和奋斗目标。故而有言：生命不息，成长不止。唯有成长，才不辜负生命赋予的无限可能。这就是我认为的教师成长之重要"原因"。

不管哪一个成长阶段或者选择哪一条成长路径，教师成长的每个阶段、每条路径都不可能是平坦而笔直的。你看哪条道路不是弯弯曲曲的？你看哪条河流不是弯弯曲曲的？我曾在《生命无不在"风雨"中成长》（刊登于《教师博览》原创版2022年第2期"人物志"栏目）一文中说："任何生命的成长，都离不开'风雨'的磨砺。在生命成长的道路上，既有'和风细雨'，又有'狂风暴雨'，还有'阴风恶雨'。'风雨'考验着生命，也滋养着生命。在某种意义上，生命的过程何尝不是一个经历'风雨'的过程？"最重要的是，我们要从"风雨"中获取不断成长的动力，坚定地做成长型教师。

诗人汪国真在《热爱生命》一诗中说："既然选择了远方，便只顾风雨兼程。"在"风雨"中前行，难免摔倒或被雨水淋湿，摔倒并不可怕，淋湿也不会伤到筋骨，当我们重新站起来，穿上干衣服，也能活成一道风景，成为雨后的"彩虹"，从而遇见生命中的各种惊喜。我们要做的就是不断成长自己，以"绊脚石"为"垫脚石"，以困难、挫折为机遇和机会，就能拥有在"风雨"中行走的勇气、底气和力气。

当经历了"风雨"的洗礼，成为更好的自己的时候，我们就能遇见更优秀的人。诚然，人与人的相遇，要靠一点缘分；人与人的相知，要靠一点福分。很庆幸，在教育行走的道路上，我看见"面对一丛野菊花都怦然心动"的教育情怀，遇见"面对路边的一株小草都温暖如阳"的师者心灵。他们是国家督学、江苏省教育科学研究所原所长成尚荣先生，教育部长江学者特聘教授、华东师范大学"生命·实践"教育学研究院院长李政涛教授，成都大学教师教育"桥梁专家"、四川西部教育研究院院长陈大伟教授，《中国教师报·教师成长周刊》主编、记者宋鸽老师，华南师范大学教师教育学部常务副部长、博士研究生导师、广东省中小学"百千万人才培养工程"项目执行办公室主任王红教授，广东省人民政府督学、广东第二师范学院教师研修学院院长熊焰教授，《教育导报》编辑、主任记者夏应霞老师，首都师范大学附属实验学校副校长李志欣特级教师……因为篇幅，此处不一一枚举。从他们身上，我更加坚信：生命有爱，万物有灵，善良的灵魂是相通的，也是相照的。

  本书的顺利出版，离不开上述专家、学者和教师的厚爱，也离不开广东省基础教育校本教研基地项目、广东省中小学校本研修示范学校项目、广东省中小学"百千万人才培养工程"专项科研项目、湛江市名教师工作室、岭南师范学院附属中学等相关领导和教师的大力支持，特别是西北大学出版社的极力帮助和家人的默默支持与奉献，借此一并表示衷心的感谢和崇高的敬意。同时，也感谢与本书有缘的所有读者和朋友。

李文送

2022 年 9 月 9 日于湛江